杨国荣 —— 著

王阳明

· 哲人丛书

北京大学出版社

图书在版编目(CIP)数据

王阳明/杨国荣著. —北京：北京大学出版社，2020.2
（未名·哲人丛书）
ISBN 978-7-301-31113-4

Ⅰ.①王… Ⅱ.①杨… Ⅲ.①王守仁（1472-1528）—生平事迹 Ⅳ.①B248.2

中国版本图书馆 CIP 数据核字(2020)第 005297 号

书　　　名	王阳明 WANG YANGMING
著作责任者	杨国荣　著
策 划 编 辑	杨书澜
责 任 编 辑	魏冬峰
标 准 书 号	ISBN 978-7-301-31113-4
出 版 发 行	北京大学出版社
地　　　址	北京市海淀区成府路 205 号　100871
网　　　址	http://cbs.pku.edu.cn　新浪微博:@北京大学出版社
电 子 信 箱	weidf02@sina.com
电　　　话	邮购部 010-62752015　发行部 010-62750672 编辑部 010-62752926
印 刷 者	北京中科印刷有限公司
经 销 者	新华书店
	890 毫米×1240 毫米　A5　7.125 印张　140 千字 2020 年 2 月第 1 版　2020 年 2 月第 1 次印刷
定　　　价	48.00 元

未经许可，不得以任何方式复制或抄袭本书之部分或全部内容。
版权所有，侵权必究
举报电话：010-62752024　电子信箱：fd@pup.pku.edu.cn
图书如有印装质量问题，请与出版部联系，电话：010-62756370

序

汤一介[*]

德国哲学家雅斯贝斯(1883—1969)曾经提出"轴心时代"的观念。他认为,在公元前 500 年前后,在古希腊、印度、中国和以色列等地几乎同时出现了伟大的思想家,他们都对人类关切的根本问题提出了独到的看法。古希腊有苏格拉底、柏拉图,印度有释迦牟尼,中国有老子、孔子,以色列有犹太教的先知们,形成了不同的文化传统。这些文化传统经过两千多年的发展已经成为人类文化的主要精神财富。"人类一直靠轴心时代所产生的思考和创造的一切而生存,每一次新的飞跃都回顾这一时期,并被它重新燃起火焰。"(雅斯贝斯:《历史的起源与目标》,北京:华夏出版社 1989 年版,第 14 页。)例如,欧洲的文艺复兴就是把目光投向其文化的源头古希腊,使欧洲的文明重新燃起新的光辉,而对世界产生重大影响。中国的宋明理学(新儒学)在印度佛教的冲击后,再次回归孔孟,而把中国哲学提高到一个新的水平。各个民族、各个国家的思想家们就是这

---

[*] 北京大学哲学系教授、博士生导师,中国文化书院创院院长,北京大学哲学系文化研究所名誉所长。

样一代一代相传地推动着人类的历史文化的发展。我想，上述雅斯贝斯关于"轴心时代"的观念，可以对编这套书有一点重要启示，这就是人类必须不断回顾自己的历史，重温自己的文化传统。人类的历史是由人自身创造的，这中间推动历史前进的伟大思想大师无疑起着巨大的作用。如果我们能用准确而生动的语言写出这些大师启迪人的思想，应该能实现这套书所希望的"让大师走进大众，让大众了解大师"的宗旨。

司马迁说："居今之世，志古之道，所以自镜也，未必尽同。"我们生活在今天，有志向实现自古以来人类的理想，重温自古以来的人们走过的历史历程，以此作为我们的借鉴，是非常必要的。因为"历史是一面镜子"，虽然时移事迁，现在和过去不一定都一样，但总可以从古来的大师们的智慧中得到教诲。自古以来可以称得上"大师"的应该是：既能以他的深邃的思想引导人，又能以他的人格魅力吸引人，他们是真、善、美的化身。但是，看看今天我们的社会，不能不承认确实存在着不少问题，也许最为使人们担心的是，由于物欲的驱动，让许多人失去了理想，丢掉了做人的道理，这样下去将是十分危险的。"榜样的力量是无穷的"，这套书对我们将能起着以"大师"为榜样的作用，使我们在各自的岗位上，不断丰富自己的知识，提高自己的理论思维能力，加强自己的道德修养，为人类社会的福祉做自己力所能及的事。

汤一介
2005年8月8日

王阳明画像

王阳明画像

目录
CONTENTS

引 言

第一讲 心学形成的历史前提
一、性即理及其他:形上本体的强化 / 8

二、心与理的紧张 / 17

三、徘徊于朱陆之间 / 19

第二讲 心体的重建
一、心体与性体 / 24

二、心即理 / 30

三、成圣的内在根据 / 37

第三讲 心与物
一、心物之辨的内在含义 / 43

二、存在与境界 / 50

┃第四讲┃ **德性语境中的良知**

　　一、德性的涵养 / 59

　　二、德性与道德行为 / 66

　　三、德性与规范 / 71

┃第五讲┃ **群己之辨**

　　一、成就自我 / 82

　　二、人我之间 / 87

　　三、无我说 / 92

┃第六讲┃ **致良知**

　　一、良知与致良知 / 100

　　二、本体与工夫 / 103

┃第七讲┃ **知行之辨**

　　一、知行之序 / 115

　　二、知行关系的展开 / 125

　　三、知行合一与销行入知 / 129

┃第八讲┃ **心学中的名言问题**

　　一、心体与言说 / 137

二、名言与道 / 143

三、"说"与"在" / 151

第九讲 心学与晚明思想

一、泰州学派 / 160

二、童心说与个体原则 / 168

三、性体的回归 / 174

四、致良知说的展开 / 178

五、东林学派与心学 / 183

第十讲 明清之际的心学

一、工夫所至即是本体 / 188

二、个体与整体之辨 / 194

第十一讲 心学的近代回响

一、良知与个性 / 200

二、良知与直觉 / 204

三、心力与意欲 / 206

四、知行合一与性修不二 / 212

后　记 / 217

引 言

王阳明（1472—1529），名守仁，字伯安，生于明成化八年（1472），卒于明嘉靖七年十一月二十九日（1529）。祖籍浙江余姚，自其父始迁居山阴。曾修学讲论于越城附近的阳明洞，故有阳明之号，并以此行于世。

　　哲学家的生平往往很平淡。尽管他们的思想每每以"极高明"为指向，并产生震撼人心的力量，但其哲学的沉思却常常伴随着宁静单一的书斋生活。康德在这方面提供了典型的一例。这位柯尼斯堡的哲人诚然在哲学上进行了一场所谓哥白尼式的革命，但终其一生，却几乎没有离开过他生活其间的小城。他时钟般的刻板生活，似乎构成了近代学院哲学家的经典范式。相对于这一类的学院哲学家，王阳明的一生显得颇不平凡。作为哲学家，他固然有过龙场悟道之类的哲学沉思，但这种沉思并非完成于宁静安逸的书斋，而更多地是以居夷处困、动心忍性等人生磨难为背景。从早年哲学问题的朦胧萌发，到晚岁的哲学总结，王阳明的哲学历程与其曲折的人生旅程处处融合在一起，为学、为道与为人则相应地展开为一个统一的过程。

王阳明早年便已对一些具有终极意义的哲学问题发生兴趣，12岁那一年，他曾向塾师提出了一个很不寻常的问题："何为第一等事？"塾师以为，第一等事无非是科举及第，王阳明对塾师的这种回答不以为然。在他看来，真正的第一等事，应当是"读书学圣贤"。所谓学圣贤，意味着以内圣之境为目标。随着其思想的逐渐成熟，成圣作为"第一等事"也越来越成为王阳明自觉的追求。正是围绕如何成圣这一问题，王阳明作了长期的探索，而这种探索的结果，即具体体现于王阳明的语录、论学书札等等之中。王阳明的一些门人后来将集中反映其论学宗旨的语录、书信等汇编起来，《传习录》便由此而形成。

《传习录》共分上、中、下三卷。上卷内容中的前一部分是由徐爱收集的。徐爱系王阳明的妹婿，后来又成为王阳明的学生，在与王阳明论学的过程中，徐爱将其中有关心、性、知行关系的讨论内容记录下来并编在一起，题为《传习录》。但徐爱不幸早逝，所录内容也篇幅不多。与徐爱同时或稍晚，王阳明的另二位学生薛侃与陆源也将王阳明平时讲学的内容分别作了记录、整理。明正德十一年（1516），薛侃将他自己以及徐爱、陆源所收集的王阳明论学语录编为一卷，正式加以刻印刊行，题目即定为《传习录》，它也就是今本《传习录》的上卷。

《传习录》的中卷是由王阳明的另一位弟子南大吉编集的，刊行时题为《续刻传习录》，以示上接薛侃所编的《传习录》。《传习录》的中卷主要收入了王阳明的论学书札，包括著名的《答顾东桥书》《答陆原静书》《答欧阳崇一》《答罗整庵少宰书》，以及《教约》等。这些书信都是王阳明亲笔所书，更直接地反映了王阳明的思想。从内容上看，它既有对知行学说、良知与致良知说等的正面阐释，也有对当时学者有关批评、责难的回应和反驳，二者从不同意义上展示了王阳明思想的各个侧面。

《传习录》（上）与《传习录》（中）刻印刊行时，王阳明都还在世。王阳明去世后，他的及门高足钱德洪向同门学人广泛征集王阳明的遗著及语录，渐渐积累了不少重要资料。从王阳明众多门人所提供的学术问答及语录中，钱德洪作了一些选择，将其中特别精要的部分，编为《传习续录》，并予以刻印刊行，这就是现传的《传习录》（下）。从内容上看，与《传习录》（上）相近，《传习录》（下）所收皆为王阳明的语录，其中包括了王阳明晚年的一些重要论述（如四句教），以及王阳明与门人关于心学的几次著名讨论，如天泉证道、严滩问答等。

《传习录》三卷虽然篇幅不大，但却比较集中地表现了王阳明心学的全貌。从时间上看，它收录的是王阳明思想成熟期的论述，就内容而言，它几乎涵盖了王阳明心学的各个方面：从心性之辨到心物关系，从致良知到本体与功夫，从知行合一到万物一体，都纳入了《传习录》的论题，而王阳明心学的主要论旨、思想倾向，也可以通过《传习录》而见其大概。从某种意义上看，《传习录》构成了王阳明心学的主要载体。

除了《传习录》外，王阳明的门生后人还选编了王阳明的另一些文著，陆续加以刊行，如钱德洪等编印了《阳明先生文录》《文录续编》，王阳明的嗣子王正意编辑了《阳明先生家乘》等。隆庆六年（1572），御史谢廷杰汇集了《传习录》上、中、下及王阳明的其他遗著，另外加上门人所辑的《年谱》，统编为《王文成公全书》，共三十八卷。以后刊行的各种全集，基本上以此为依据。经过明代至清代的不断刻印流传，到1936年，王阳明的全集以《阳明全书》为题，由中华书局再次排印出版。从《王文成公全书》到《阳明全书》，王阳明的著作经过了一个长期流传的过程，但不管其版本如何演变，王阳明著作中反映其思想的主干部分，始终是《传习录》，而王阳明的心学也首先是通过《传习录》产生了广泛的影响。

正如康德试图通过考察人的认识能力以解决普遍必然的知识何以可能的问题一样，理学将心性的辨析视为解决内圣之境何以可能这一问题的切入点。当然，以心性之域为入手处，并不意味着由此展开的仅仅是单一的哲学路向。事实上，首先正是在心性之域，程朱一系的正统理学与心学表现出不同的立场。程朱以性为体，性又与理合而为一；与性体的建构相应的则是以性说性，化心为性；由此建立的是一套以性体为第一原理的形而上学。与性体至上的形而上学系统相对，陆九渊将心提到突出地位，并以此为第一原理。不过，陆九渊对心体的理解本身具有二重倾向，而其中的个体性规定则在陆的后学中逐渐开始向唯我论衍化。个体意义上的心与形而上之性的对峙,表现了理学的内在紧张。

在化解心性之辨的如上紧张方面迈出重要一步的是王阳明。以心体的重建为逻辑前提,王阳明力图在心学的基础上化解形而上与形而下、个体性原则与普遍性原则、存在与本质、理性与非理性、主体与主体间、本体与工夫等紧张,从不同的层面对内圣之境何以可能作出理论上的阐释;在心学的逻辑展开中,本体论、伦理学、认识论等呈现为统一的系统。相对于程朱一系的正统理学,心学之思无疑表现出哲学视域的多方面转换;从更广的意义上看,心学又构成了中国哲学历史演进的重要一环。

当然,作为历史中的体系,心学本身又蕴含着内在的张力。如心即理、致良知这些基本命题所表明的那样,心学的思考一开始便呈现出二重品格:心体所内含的个体性规定及存在之维与理所表征的普遍性规定及本质之维、先天本体(良知)与后天的工夫,等等,这些关系应当如何定位,始终是一个理论的难题。在晚年的四句教中,王阳明试图提升个体并确认其存在的多重向度,但又难以放弃普遍本质对人的预设;试图扬弃本体的超验向度,但又无法拒斥对本体先天性的承诺。这种理论上的张力,亦表现了心学在哲学上的转换特征,而从心学本身的历史演进看,以二重性为表现形式的内在紧张,又进一步引发了王门后学的分化。

第一讲

心学形成的历史前提

一、性即理及其他:形上本体的强化

二、心与理的紧张

三、徘徊于朱陆之间

宋明时期，随着理学的展开，逐渐诞生了一系列具有深远历史影响的哲学系统，王阳明的心学便是其中引人注目的一种。当我们回顾近四百余年中国思想发展历程时，总是不能不追溯到王阳明的心学。作为理学的分支，王阳明心学的形成以理学的演变过程为其历史前提，要把握心学的理论内涵，便应当对理学衍化的过程，以及这一过程中所涉及的问题，作一简要的考察。

一、性即理及其他：形上本体的强化

心性关系是理学所辨析的重要问题，正是对心性的关注，使理学常常被称为心性之学。首先对心性关系作系统考察的，是二程（程颢[1032—1085]、程颐[1033—1107]）和朱熹(1130—1200)。

在程朱那里，心泛指一般的精神活动及精神现象，并与人的感性存在相联系。二程说："在人为性，主于身为心。"（《二程遗书》卷一八)与身相对的人侧重于类的本质,身则首先与个体的感性生命相联系。主于身既意味着心的灵明知觉对形体的制约,又蕴含着感性存在对心的渗入。

心作为灵明知觉与感性存在的统一,更多地表现为一种本然(本来如此的形态)。从本然到当然(应当达到的形态),便涉及心与理、心与性的关系。朱熹认为,心与理并不彼此分离:"心与理一。"(《朱子语类》卷五)理与心的统一并不是指心与理彼此等同或融合为一,它具体展开为心具理:"心包万理,万理具于一心。"(同上,卷九)所谓心具理,也就是理内在于心而主宰心。具于心之理,也就是性:"理在人心,是之为性。"(《朱子语类》卷九八)在程朱那里,性和理的关系与心和理的关系颇有不同,性作为在心之理,与理具有同一性,在此意义上,程朱一再强调性即理:"性即理也,在心唤作性,在事唤作理。"(同上)心与理则更多地表现为一种包含关系,所谓心具众理、心包万理,都点出了此义。这种关系所侧重的主要是相互联系的两个方面:即心以理为内容,理为心之主宰。这样,按程朱的看法,讨论性,诚然可说性即理(此"即"有合一义),但谈到心,则不可在相同意义上说心即理。

在对心与性的内涵分别加以解说的同时,程朱又对二者的关系作了规定。朱熹曾以太极和阴阳比喻性和心:"性犹太极也,心犹阴阳也。"(《朱子语类》卷五)太极在程朱那里常常被视为理的最高形态,阴阳则是气;正如在天道观上,理决定气一样,在心性关系上,性决定心。心与性的如上关系,往往被更简要地概括为"心以性为体"(同上)。可以看出,在心性之域,程朱的注重之点更多地在于确立人性的至上地位。

从性为本体的前提出发,朱熹批评"以心来说性"(同上,卷四)。以心说性意味着将性还原为心,或者说,以心来规定性。与之相对,程朱更倾向于化心为性。这一点,在以上分析中已不难窥见,而在人心与道心说中则可进一步看出。人心主要与人的感性存在(形体)相联系,道心则出于普遍的义理,并因此纯而又纯。就其以理为内容而言,道心与性相通,事实上,朱熹亦肯定了这一点:"性则是道心。"(《朱子语类》卷六一)在程朱看来,人心与道心的合理关系应当是人心听命于道心,而以道心为主则意味着化人心为道心:"以道心为主,则人心亦化而为道心矣。"(《答黄子耕》,《朱文公文集》卷五一)就其内在逻辑而言,化人心为道心与化心为性乃是相互关联的两个方面,二者指向同一目标:即以理性本体净化感性之域。

如上倾向在程朱的性情论中得到了进一步展示。情属于广义的心,作为心的一个方面,它处于感性经验的层面。心性关系的具体展开,便逻辑地涉及性与情的关系。在《颜子所好何学论》中,程颐提出了性情关系上的二重原则,即"性其情"与"情其性"。性其情之说最初出于王弼(参见王弼《周易·乾卦》注),其基本含义是以性统情和化情为性;情其性则意味着以情抑制性。程颐吸取并发挥了王弼性其情之说,以此拒斥了情其性;情性关系上的这一原则,后来亦得到朱熹的一再肯定。与化人心为道心一样,性其情表现了理性本质的泛化趋向:所谓"性其情",实质上意味着情感的理性化。在这一过程中,与感性存在相联系的人之情开始失去了其相对独立的品格:它唯有在同化于普遍的理性本体之后,才能存在于主体意识。不难看出,性为心之体在此表现为理性本质对情感经验的消融。

程朱以性即理、性为心之体、化心为性、性其情等展开了其心性说,其中的内在主题是建构性的本体地位。当程朱以理为心之内容并相应地以性为心之体时,心已开始被化约为性,而通过化人心为道心、性其情等过程,心向性的泛化则获得了更具体的内涵。在程朱那里,性的具体内容表现为当然之则:"性者,人之所受乎天者,其体则不过仁、义、礼、智之理而已。"(朱熹:《孟子或问》,《四书或问》卷一四)这里的仁、义、礼、智即当然之则,它在本质上则属理性规范,作为当然之则的内化,性所凸现的乃是普遍的理性本质。这样,性—理的一再提升与强化,其逻辑的指归便是确立超验的理性本体。从理论上看,理性是人不同于其他存在(例如动物)的本质之一,程朱强调性即理,着重从理性的层面将人与其他存在(如禽兽)区分开来。然而,过分地突出理性的本体,也往往容易将人本身理解为抽象的存在。当朱熹要求以道心净化人心时,便多少忽视了现实的人所具有的丰富规定,而将其片面地视为理性的化身。从这种前提出发,人的多方面的发展便很难落实:理性的优先,趋向于抑制对感性存在以及情感、意志、直觉之维的关注,程朱正是由此表现出某种本质主义的倾向。

心性关系上的以上思路,也体现于对外部世界的看法上。理学奠基人周敦颐曾作太极图,以此作为宇宙万物演化的基本模式。在

《太极图说》中,周敦颐对这一宇宙图式作了如下概述:无极或无形之太极是万物存在的最高根据,这种终极的根据同时构成了宇宙之源。由无极和太极衍生出阴阳之气,阴阳之气又分化为金、木、水、火、土五行,由此进一步形成了春、夏、秋、冬四时的变化和天地万物的化生。可以看到,在周敦颐那里,存在的考察与宇宙论难分难解地纠缠在一起。

周敦颐的如上看法,在朱熹那里也得到了折射。与周敦颐相近,朱熹亦将无极(太极)理解为终极的存在(本体),并以此本体为阴阳之气的本源。按朱熹的看法,由经验现象(具体万物)向上追溯,则万物源于五行,五行产生于阴阳二气,阴阳二气则又本于太极,故太极为万物的最终本源;自终极的存在往下推,则太极又散现于经验对象。"本""末"按其原意应属本体论范畴,但在朱熹那里,它们又与宇宙的生成过程联系在一起:万物被视为"末",太极则被视为"本";本体与现象、存在与根据这一类本体论的问题,与宇宙的起源、演化、构成等宇宙论的问题彼此交错,使朱熹对存在的考察与周敦颐的思路一样,带有明显的思辨构造意味。

当然,较之周敦颐,朱熹的存在理论上又有其自身的特点。与周敦颐基本上停留于宇宙的生成图式有所不同,朱熹并不满足于仅仅提供一幅宇宙论的世界图景,而是试图从质料与形式的关系上对存在作出进一步的说明。在朱熹看来,世界是一个有序的结构,其中理气各有自身的定位:"天地之间,有理有气。理也者,形而上之道也,生物之本也;气也者,形而下之器也,生物之具也。是以人物之生,必禀此理,然后有性;必禀此气,然后有形。"(《答黄道夫》,《朱文公文集》卷五八)在万物的形成过程中,理的作用类似形式因,气则近于质料因;理作为事物的根据(形而上之道)构成了某物之为某物的本质,气则赋予某物以具体的外部形态。理气(道器)各有其功能,不可彼此越界。

理气作为生物之本与生物之具,虽有不同功能,但在具体的对象(物)上,又彼此相依而不可相离。有气而无理,则物便缺乏内在根据;有理而无气,则物便难以获得现实性。广而言之,也可以说,理与气本身不可分:"天下未有无理之气,亦未有无气之理。"(《朱子语类》卷一)理与气的这种相互联系,首先表现为一种逻辑关系:从逻辑上说,既然理与气是具体事物两个不可或缺的条件,则说到理,气便在其中;同样,谈到气,理亦包含于内。

由此,可以看到,朱熹对存在的考察大致表现为二重向度,即宇宙论的构造与逻辑的推绎;前者(宇宙论的构造)侧重于从世界的生成、演化过程说明存在,后者则更多地是从理气的逻辑关系上规定存在。这二重向度尽管着重点不同,但又蕴含着一种共同的趋向,即在人的认识活动(知)与实践活动(行)之外考察存在。这种就天道而论天道的进路,使朱熹很难摆脱思辨的走向。从理论上看,处于人的认识与实践领域之外的存在,可以归入本然界;对这种存在,我们除了说它是自在的或本然的外,无法作出更多的说明,而所谓自在或本然,也是相对于人的知与行而言。如果把注重之点仅仅指向这种处于知和行过程之外的本然界,并试图由此出发对存在作出说明，则总是无法避免思辨的构造。在朱熹的"宇宙论地说"与"逻辑地说"中，我们不难看到这一点。

考察存在的超验进路，也使朱熹的体系蕴含了难以克服的理论困难。如前所述，朱熹上承周敦颐而以太极为终极的本体（"万化之根"），作为万化之根，太极先于万物并超然于万物之上。这种看法很难避免世界的二重化。朱熹一再将作为万化根本的太极与具体对象区分开来：太极超越于特殊时空，而并非存在于具体的时间和空间之中。正是太极这种超然于具体事物的性质，使之成为生物之本；一旦将其与具体事物混而为一，则太极便不成其为万化之根的本体。在这里，作为万化之根的太极与有形的特殊对象便处于两个序列，前者（太极）属形而上的本体界，后者（物）则属形而下的现象界；前者"是一个净洁空阔底世界，无形迹"（《朱子语类》卷一），后者则有形有迹而处于特殊的时空之中。从太极到二气、五行、万物的思辨行程，只是提供了一种宇宙生成的模式，而并没有真正解决形上之域与形下之域的对峙，如何统一这二重世界，是朱熹始终无法解决的理论难题。

宇宙论的构造是如此，理气关系的逻辑考察同样一开始便潜下了自身的问题。根据理与气之间的逻辑关系，有理便有气，气在则理亦含于其中，理气无先后可言。然而，在朱熹那里，由超验的前提出发，"宇宙论"地说与逻辑地说往往相互交错，而理气在逻辑上的共存，与理气的生成关系，亦常常纠缠在一起。理生气，是一种生成关系；有气则理即在内，则是一种逻辑关系。二者所指本不相同，但朱熹却将其合而为一。与之相应的便是"理气无先后"与"理气有先后"这两种矛盾命题间的无穷徘徊:"此本无先后之可言,然必欲推其所从来,则须说先有是理。"(同上)逻辑上的无先后与生成关系上的有先后构成了一个思辨的怪圈,而循沿超验的进路则始终难以走出这一怪圈。

与心性之辨上提升性体以及本体论强调太极对万物的主宰相应,在道德实践中,程朱一系的理学更为注重天理对行为的制约。天理既有其本体论意义,又是伦理学领域的普遍规范,在程朱看来,后一意义上的理即构成了道德行为所以可能的条件:道德实践即在于认识普遍之理,然后按照理而行。作为普遍的规范,理具有超验的性质。在解释"仁"这一规范时,朱熹具体地指出了这一点:"仁者,天之所以命我而不可不为之理也。"(朱熹:《论语或问》卷一)"命"是天理对主体的外在命令,在此,作为行为者的我与作为普遍规范的天理,构成了相互对峙的二极,而我的行为则表现为对普遍规范的自觉服从。

作为天之所命,规范已不仅仅是一种当然,而且同时具有了必然的性质:所谓"不可不为",便已含有必须如此之意。事实上,朱熹确实试图融合当然与必然,从如下所论,便不难看到此种意向:"君臣、父子、夫妇、长幼、朋友之常,是皆必有当然之则,而自不容已,所谓理也。"(朱熹:《大学或问》卷二)自不容已,表现为一种必然的趋势,将当然之则理解为自不容已之理,意味着以当然为必然。作为自不容已的外在命令,天理同时被赋予某种强制的性质:遵循天理并不是出于自我的自愿选择,而是不得不为之,所谓"孝悌者,天之所以命我而不能不然之事也"(同上书,卷一),即表明了此点。这种出于天之所命的行为,显然带有受制于外在命令的特点。

当然,在天之所命与自我的外在对峙之外,朱熹亦曾从另一角度讨论当然之则与自我的关系,在道心与人心说中,便可看到这一点。从形式上看,道心作为主体之中的理性规定,已取得了某种内在的形态,它对人心及行为的制约,也相应地似乎具有了主体"自我决定"的意义。不过,如果作进一步的考察,便不难看到,朱熹所谓道心,并不是本真的自我,作为天理的内化,它更多地带有超越个体的性质;道心与人心之分,同时也表现了超验之理与个体存在的对峙。朱熹要求人心绝对地听命于道心,意味着以内在化的普遍之理主宰人的行为选择;尽管规范的作用方式有内在与外在之别,但在肯定行为应无条件地服从普遍规范这一点上,二者又似乎并无二致。

程朱要求行为出于普遍的理性规范,无疑注意到了道德行为应当是自觉的。这种看法避免了将道德实践混同于自发的冲动或感性的活动,并从一个方面突出了道德的崇高性及其尊严。然而,规范作为普遍的律令,又带有超验的性质,仅仅强调以普遍规范"命"我,不仅无法避免道德实践的他律性(被动地遵循外在命令),而且往往容易使行为趋于勉强而难以达到自然向善。事实上,在天之所命或道心之命的形式下,道德规范常常便成为一种强制性的律令,而出于规范则不免给人以服从异己律令之感。外在天理与主体的这种对峙,构成了程朱理学内含的又一理论问题。

二、心与理的紧张

与朱熹将二程一系的理论在理论上加以完备化几乎同时,陆九渊(1139—1193)也形成了其心学体系。陆九渊虽然并未置身于理学思潮之外,但在不少问题上却与朱熹存在重要分歧。他们曾往返辩驳,就理气关系等展开论战。

陆九渊曾致书朱熹,对朱熹在理气关系上的观点提出批评,认为朱熹将阴阳之气仅仅视为形器,而把它排斥在道之外,表明不懂得道器之分。这可以看作是对朱熹将理(道)归结为超验实体的责难。按陆九渊的看法,道与器是不可分割的,道并不存在于具体事物之外:"道外无事,事外无道。"这种看法无疑否定了朱熹将世界二重化的思维趋向。在伦理学与价值观上,陆九渊对天理与人欲的对立也颇为不满:"天理人欲之言,亦自不是至论,若天是理,人是欲,则是天人不同矣。"(《陆九渊集》,中华书局,1980年版,第395页)这里当然不是肯定人欲的正当性,而是反对把天理与作为主体的人彼此对立起来;在否定"天是天,人是人"这种论点的背后,是对朱熹将外在天理与个体存在对立起来的批评。

然而,陆九渊固然注意到了朱熹哲学的某些内在痼疾,但其体系又包含着自身的问题。在心性关系上,与程朱"性即理"的命题相对,陆九渊提出了"心即理"的命题。在论述这一论点时,一方面,陆九渊一再地将心解释为个体之心,要求"尽我之心",并强调此心完全听命于我:"人之于耳,要听即听,不要听则否,于目亦然,何独于心而不由我乎?"(同上书,第439页)在这里心似乎被归入了与耳、目等感官相同的序列,并主要决定于个体的意志。这种完全由个体决定的心(由我之心)实际上已被抽去了理性等普遍规定,而表现为一种个体意识。

另一方面,陆九渊又反复强调心的普遍性品格:"心只是一个心。某之心,吾友之心,上而千百载圣贤之心,下而千百载复有一圣贤,其心亦只如此。"(同上书,第444页)"东海有圣人出焉,此心同也,此理同也;西海有圣人出焉,此心同也,此理同也;南海、北海有圣人出焉,此心同也,此理同也。"(同上书,第388页)千百年前与千百年后,主要是就时间关系而言,东海、西海等等,则涉及空间关系;就是说,无论何时,无论何地,只要有人存在,则其心便无实质的区别。在此,心又呈现为一种超越时空的存在,并与普遍之理重合,而其个体性的品格则相应地被架空。

陆九渊的以上看法在理论上显然颇难相容:当他将心与耳目等感官并提,并称其为"我之心"时,心似乎与特定的感性的存在彼此一致;而当心被界定为时间上永恒(无上下古今之分)、空间上无界(无东南西北之别)的存在时,它又获得了超验的品格。对心体的以上二重规定,使陆九渊的心学很难摆脱内在的紧张。

在陆九渊的后学中,心学中的个体性的方面似乎受到了更多的关注。陆九渊的弟子杨简便由强调个体性而进一步将自我视为第一原理:"天地,我之天地;变化,我之变化。""在天成象,在地成形,皆我之所为也。"(《慈湖遗书》卷七)在这里,陆九渊的心学实际上已开始向唯我论发展。

三、徘徊于朱陆之间

从南宋末年至明代初年,理学经历了进一步演化的过程。一些理学家试图纠程朱之偏,但又未能走出程朱的思路;另一些理学家着重于提升陆九渊的心学,但又常常不免重蹈其覆辙。

外在天理与主体的对峙,是程朱哲学所始终未能解决的问题。如何达到二者的统一?朱熹的后学真德秀(1178—1235)在这方面作了认真的探索。按真德秀的看法,理作为普遍的原理,并非外在于具体事物:它即存在于事物之中;而人本身也是一种"物",因此,理同样也并不外在于人。在这里,理已由外在的强制性规范,转换为内在于主体的准则。在真德秀看来,这种内在于主体的规范,具有与主体融合无间的特点。当主体与规范彼此分离,道是道,我是我时,行为常常有被迫的、异己的特点;只有普遍之道内化于主体,才能摆脱这种强制感,而达到"圣贤之乐"。

朱熹的另一后学许衡(1209—1281)也展示了与真德秀相近的思维趋向。许衡首先对"所以然"与"当然"作了区分:"所以然者是命也,所当然者是义也。"(《宋元学案》卷九〇)"命"在这里表现为一种必然性,"义"则是应当。"所以然"与"所当然"本是朱熹对理的二重规定,在朱熹那里,二者是完全重合的:所以然也就是所当然。与朱熹有所不同,许衡认为不能将二者完全等同。一方面,所以然作为外部必然性,是不以人的意志为转移的,亦即"不由自己";另一方面,主体的行为则应当出于自身的内在意愿,亦即"由自己"。正是基于这一观点,许衡主张把道德教育的重点放在培养和启发主体的内在良知之上,而反对以天理对人横加强制。

当然,在要求沟通天理与主体的同时,真德秀和许衡并没有否定天理的普遍制约性。自周敦颐以来,理学家一直对"孔颜乐处"津津乐道。所谓孔颜乐处,也就是虽然住在简陋的小巷,吃着粗茶淡饭,但却仍然保持乐观的人生态度,它所追求的,是一种超越感性欲求的精神愉悦。在真德秀看来,要真正达到这种境界,便必须"从容游泳于天理之中",也就是自觉地以天理约束自己。真德秀以自觉地服从天理为达到孔颜之乐的前提,强调的依然是理性的原则。同样,许衡也赋予天理以至上的性质,认为"一理可以统万事"(《鲁斋遗书》卷二),亦即要求以天理支配人的一切行为。从这方面看,真德秀与许衡都没有超越朱熹以理为第一原理的思路。

相对于真德秀、许衡对朱熹思想的发挥,元代的一些理学家开始把注意力转向陆九渊的哲学。在这方面,吴澄(1249—1333)、郑玉(1298—1358)具有一定的代表性。在心与道的关系上,吴澄认为道就存在于心之中,离开心之外,便没有道:"道之为道具于心,岂有外心而求道者哉?"(《宋元学案》卷九二)不仅道内在于心,而且天下万物,也同样依存于心。从万物并非外在于心的观点出发,吴澄反对把道归结为超越于具体事物的实体。在他看来,普遍的道与具体的事物虽然有形而上与形而下之分,但二者却并非彼此相离。较之程朱理学将形而上之道与形而下之物视为二重世界,吴澄无疑更多地注意到了二者的统一。不过,由肯定道与物存在于心,吴澄又过分突出了自我的地位,认为自我之心同时也就是万物的主宰,从而表现出某种唯我论的倾向。

进入明代以后,理学的演变并没有摆脱徘徊于朱陆的格局,比较而言,明代初年的理学家更侧重于所谓"述朱",亦即对朱熹思想的阐述、引申。在天理与主体的关系上,明初的著名理学家薛瑄(1389—1464)认为,理与道无处不在,从有形的物,到无形的社会人伦关系,都包含着理和道。理与道的这种普遍性,决定了人无法走出天理作用的范围。正是从这一前提出发,薛瑄强调人的一切行为,不分巨细,都应被纳入天理之中。在理与道的恢恢天网下,人的自主性似乎已完全为天理的主宰性所淹没。这种看法,显然未能超越理与人的二元对立。

稍后于薛瑄,明前期的另一理学家胡居仁(1434—1484)也上承了程朱的立场。在理气关系上,胡居仁认为理与气有先后之分,有理而后才有气,作为气的决定者,理具有超越于万物的性质。与此相联系,在天理与自我的关系上,胡居仁虽然也曾提到人心与天理应当统一,但并未能始终一贯地坚持这一观点。在他看来,理想的行为方式应当是:"事事存其当然之理,而已无与焉。"(《明儒学案》卷一)"存当然之理",是以天理自觉地规范主体的行为,"己无所与",则意味着将主体的意愿、要求等等都排除在外。对行为的这种看法,与程朱大致一脉相承。

在明代理学的演变中,陈献章(1428—1500)具有更重要的地位。相对于薛瑄与胡居仁对程朱的认同,陈献章的思想更接近于陆九渊。与陆九渊一样,陈献章将心提到了突出的地位:"君子一心,万理完具。事物虽多,莫非在我。"(《白沙子全集》卷二)这里涉及两方面的关系,即心与理、我与物。就心与理的关系而言,万理存在于心,心决定万理;就我与物的关系而言,万物包含于我,我之外无物,二者从不同的方面展开陆九渊心学中内含的观点。以上述看法为出发点,陈献章认为学者的首要之事就是"求诸心",而求诸心的具体过程则表现为静坐,它既不涉及读书讨论这一类的为学功夫,也外在于事亲事君这一类的道德实践。这种通过静坐以求心的主张,既将心外无理的观点推向了极端,又把儒家的内圣功夫引向了空疏枯寂之途。

总起来看,自南宋末年以后,理学家分别对程朱一系的理学与陆九渊的心学作了阐释和发挥,但在理论上,他们不仅基本上未能突破朱学与陆学的框架,而且往往使二者所蕴含的内在理论缺陷进一步加深了。南宋末年至明代前期这一理学演变过程表明,徘徊于朱陆之间在理论上已无出路:历史呼唤着新的哲学思考。而王阳明的心学,便以理学的如上演化为其历史背景。

┃第二讲┃

心体的重建

一、心体与性体

二、心即理

三、成圣的内在根据

一、心体与性体

王阳明以成圣为第一等事,决定了其思维路向首先指向内在的心性。从较广的理论背景看,心性的辨析在逻辑上构成了理学解决内圣之境何以可能的切入点,正是这一进路,使理学常常被视为心性之学。在这方面,王阳明的心学并没有离开理学的论域。当然,对心性问题的看法及心性关系的定位,王阳明与程朱一系的理学又存在重要分歧。

如前所述,程朱所强调的,首先是作为普遍本质的性。相对于程朱之注重性,王阳明似乎更多地将注重之点放在心之上。他一再强调"圣人之学,心学也",而他的哲学也常常被称之为心学。王阳明所说的心,含义较广,指知觉、思维、情感、意向等等,从为学与为道的角度看,首先应当注意的则是心体的概念。王阳明一再要求

"于心体上用功"(《王阳明全集》,上海古籍出版社,1992年,第14页,以下简称《全集》)。以心为体,从一个方面表现了王阳明心学不同于程朱之学的品格。

关于心体的内涵,王阳明作了多方面的界定。他首先将心与理联系起来,认为心并不仅仅是一种感性的存在(不专是一团血肉),而是以理为其内在的规定。理的渗入,赋予心以二重相互联系的品格:即先天性与普遍必然性。先天性表现了心先于经验的一面,正是在此意义上,王阳明认为,"心,生而有者也"(《全集》,第976页);普遍必然性则展示了心超然于特殊时间和空间的一面,用王阳明的话来说,也就是"无间于天人,无分于古今"。

通过以理规定心,王阳明将先验的道德律引入了心体。从静态看,心呈现为普遍必然的道德律,就动态言,心又表现为道德实践领域的立法者(亦即道德命令的颁布者),后者体现了心的主宰性:"以其凝聚之主宰而言,则谓之心。"(《传习录》中,《全集》,第76—77页)就其以理为心之体,并将作为心之体的理主要理解为普遍的道德律而言,王阳明的思路与程朱并没有实质的差异。不过,程朱较少讲心的主宰意义,而更重理的主宰性。朱熹便批评释氏"专认此心所为主宰,故不免流于自私耳"。在程朱一系中,关注的问题主要是通过如何使心合乎理,而不是由心颁布道德律,换言之:理入主于心压倒了心的自主性。

程朱要求化心为性、性其情,在心性关系上表现为以性说心,亦即以普遍之性来规定个体之心,这一思路更多地将心的先验性与超验性联系起来,而对心的经验内容未予以应有的注意。与之不同,王阳明在强调心有其先天来源(得之于天)的同时,并未将关注之点引向其超验性。当王阳明的门生陈九川问如何才能达到稳当时,王阳明的回答是:"尔却去心上寻个天理,此正所谓理障。"(《传习录》下,《全集》,第92页)心之上的理,是超验之理;以心之上寻理为理障,可以看作是对程朱的批评。与心上寻理的超验进路相异,王阳明在肯定心体具有先天的普遍必然之理的同时,又将其与经验内容和感性存在联系起来,在肯定"故无心则无身"的同时,又强调"无身则无心"。身是一种感性的存在。心虽不能等同于血肉之躯,但它又并非隔绝于耳目口鼻等感性的存在。承认心与身的这种联系,当然并不能说是一种独到的见解,但相对于程朱的以性说心,它又确实有值得注意之点。如果说,以性说心倾向于将心与感性存在和经验内容区分开来,那么,无身则无心之说则旨在重新确认心与感性的联系。

从意识的层面看,感性存在总是涉及经验内容,心不能离身(无身则无心),决定了心无法与经验内容绝缘。王阳明在谈到心与情的关系时,便肯定了这一点:"喜、怒、哀、惧、爱、恶、欲,谓之七情。七者俱是人心合有的。"(《传习录》下,《全集》,第111页)相对于理性的灵明觉知,情感属于感性经验的序列,王阳明将七情视为人心的题中应有之义,同时即意味着对先验的心体与经验的内容作了沟通。在王阳明那里,心与情的这种联系,并不仅仅是一种偶然的提法;事实上,王阳明常常将乐视为心的本体,以为"乐是心之本体"。

乐从广义上看有感性快感与精神愉悦之分,理学家所谓圣贤之真乐,便更多地侧重于精神愉悦。但无论是感性的快感,抑或精神的愉悦,都渗入了某种情感的因素。感性快感自不必说(在最原初的快感中已有好恶之情),即以精神的愉悦而言,此时之乐固然已超越了单纯的快感,但它毕竟又不同于抽象的理性认知和逻辑思辨,因为其中一开始即已内含了情感的认同。孔子要求好仁如好好色,好仁亦即爱好仁道原则(对仁道原则的肯定),好好色(喜欢美丽的颜色)则是情感的自然接受,就是说,源于仁道精神的精神愉悦(好仁),唯有达到像喜欢美丽的颜色(好好色)这样的情感认同,才趋于完善之境。从这一意义上说,感性快感与精神愉悦的区分也有其相对性:二者在不同程度上都蕴含着经验的内容。

自周敦颐以后,寻孔颜乐处一直是理学家津津乐道的话题。不过,在理学的正统程朱那里,孔颜之乐主要被理解为理性化的精神境界而与感性的情感相对。与之不同,王阳明在区分作为心之本体的乐与七情之乐的同时,又强调本体之乐并不外于七情之乐。七情作为情,总是有其自然流露的一面。《传习录》(下)记载:"问:乐是心之本体。不知遇大故于哀哭时,此乐还在否?先生曰:须是大哭一番方乐,不哭便不乐矣。虽哭,此心安处,即是乐也,本体未尝有动。"(《全集》,第112页)乐在此已不是狭义的特殊情态(与哀或苦相对者),而是泛指主体的一般情感体验。情感往往容易受到内在或外在的强制,所谓欲哭不能,悲而强忍等等,便可视为情感在强制之下的某种扭曲。只有在当哀则哀、当悲则悲时,主体情感才会有一种渲畅之乐。在这里,乐就在于内在的情感得到了自然的渲露和展示,而没有因强制而郁结和扭曲。可以看到,以乐为心之本体的内在理论意蕴首先便在于避免对情感的过度强制,并使之在主体意识中得到适当的定位。

概而言之,王阳明所说的心体既以理为根据,又与身相联系而内含着感性之维。在前一意义上,心与性有相通的一面,在后一意义上,心又不限于性:不外于七情的乐之本体,便很难纳入理性化的性之本体。以理为根据决定了心的先天性(先验性),与感性存在的联系则使心无法隔绝于经验之外。这样,心体在总体上便表现为先天形式与经验内容、理性与非理性的交融。

王阳明对心体的如上理解,与陆九渊的心学当然有相近之处,不过二者又并不完全相同。陆九渊虽然亦将心提到了突出地位,但如前所说,他对心体的理解却存在二重倾向,这种二重性使陆九渊的心学很难摆脱内在的紧张。相形之下,王阳明把心体理解为先天形式与经验内容、理性与非理性的统一,在化解陆九渊心学的内在紧张上,似乎进了一步。

当然,从儒家心性之学的衍化看,王阳明思路的独特性更多地相对于程朱而言。前面已提到,程朱在总体上倾向于以性说心。按其本义,性与心相对时,体现的主要是人的理性本质,以性说心或化心为性则相应地旨在确立理性本体的主导地位。理性是人不同于其他存在的普遍本质之一,程朱强调性即理,着重从理性的层面将人与其他存在区分开来。然而,过分地突出理性的本体,也往往容易将人本身理解为抽象的存在。当朱熹要求以道心净化人心时，便多少忽视了现实的人所具有的丰富规定，而将其片面地视为理性的化身。从这种前提出发，人的多方面的发展便很难落实：理性的优先，趋向于抑制对感性存在以及情感、意志、直觉之维的关注，程朱正是由此表现出某种本质主义的倾向。相对于程朱的这一趋向，王阳明在肯定心以理为本的同时，又联系身以说心，并将情、意以及乐视为心的应有之义，无疑更多地注意到了主体意识多方面的内容以及人的存在的多方面的规定，后者在理论上为确认人的个性以及个性的多样化发展提供了某种心性论的前提。

如前所述，程朱以性说心的进路，在理论上趋向于先验与超验的融合：性体既是先验的，又是超验的。理性本体一旦被赋予超验的性质，则往往会蜕变为异己的、强制的力量。在朱熹那里，道心对人心的关系，便具有强制的意味：他要求人心听命于道心，从另一个方面看也就是由道心对人心颁布绝对命令。相形之下，王阳明以心体立论，并把心体理解为先天形式与经验内容、理性与非理性的统一，确乎表现了不同的思路，它对于化解超验与经验、理性与非理性、道心与人心的紧张，限制理性的过度专制，无疑具有不可忽视的理论意义。从明中叶以后及晚明思想的演进来看，王阳明的以上思想对注重个体存在、反叛本质主义的思潮，确实也产生了重要的影响。

同时，王阳明打通先天本体与感性存在，在一定程度上也潜下了扬弃本体先天性的契机。从逻辑上看，本体的先天性可以引向两个方面：或者由先验走向超验，或者由先天与经验的沟通而限制并超越先天性。王阳明当然并未完成后一过程，但他将心体的作用与感性的活动等联系起来，却为完成这一过程提供了某种前提。正是沿着王阳明的以上思路，黄宗羲（1610—1695）进而提出："心无本体，工夫所至，即其本体。"（《明儒学案·序》）这里的要义在于，心体并不是既成的、先天的存在，而是形成、展开于现实的认识过程之中。这种看法已超越了先验的思辨之域，开始达到对心体（主体意识）历史的、较为现实的理解，后者的思想源头，则可回溯到先验与超验的相分。

二、心即理

王阳明以重建心体为其心性之学的出发点，而心体自始便涉及心与理的关系。心体固然与性体不同，并不仅仅以纯而又纯的理为其内容，但亦非隔绝于理之外。王阳明提出"心即理"的命题，对心与理的关系作了总体上的概括。

与理相对的心和心体在内涵上并不重合。心体表现为意识的综合统一，相对于理的心，含义则有所不同。在心与理的关系中，理主要指外在于个体的天道和人道，它作为超乎个体的规定具有普遍的品格；与之相对的心则是内在于主体的个体意识。这样，心与理首先呈现为外在的普遍规范与个体的内在意识之间的关系。当然，王阳明对心体与心的具体阐述,有时亦有交错的一面,但在逻辑上,二者的侧重确乎有所不同。

理作为普遍的规范,总是超越个体的存在。王阳明所说的理,更多地指伦理规范,相对于个体,这种规范首先表现为一种外在的要求。如何使社会的普遍要求化为个体的具体行为？在王阳明看来,当普遍的规范仅仅外在于个体并与个体相对时,它便很难真正影响主体的行为。在道德实践的过程中,理乃是内在于心而起作用:

> 心即理也。……且如事父,不成去父上求个孝的理；事君,不成去君上求个忠的理；交友治民,不成去友上、民上去求个信与仁的理；都只在此心。心即理也。(《全集》,第2页)

道德规范并不是对象性的存在：如果它完全以对象性的方式存在,则不免导致理是理,我(行为主体)是我,难以沟通二者。所谓去父上求个孝的理,也就是将普遍规范理解为对象性的存在,并由此将当然之则(理)与道德实践(事亲)分离为两个序列。只有扬弃普遍规范的对象性,将其化为主体意识,才能真正使道德实践受其制约。所谓心即理,首先便意味着普遍之理与个体意识的融合。

如前所说,作为普遍道德律的理,在未融入主体意识之前,总是带有某种超验的性质。普遍之理向个体之心的内化,并不是以抽象理念的形式入主个体意识,而是渗入于主体的情感、意向、信念等等之中,并进而转化为主体意识的内在要素。康德虽然将道德律理解为主体自身颁布的自律,但在他那里,作为道德立法者的实践理性或善良意志始终隔绝于主体的内在意愿、情感等等之外,它在相当程度上表现为自我之中的他者,所谓自我立法实质上亦不外是以理性命令的形式展开的社会立法。这种看法固然注意到了道德律的普遍性,但却难以扬弃其超验性;事实上,康德似乎正是试图以实践理性的超验性来担保道德律的普遍性。① 程朱要求道心常为主而人心每听命,其思路近于康德。在道心与人心、普遍之理与个体之心的二元对峙中,个体行为固然可以不逾矩,但却很难做到从心所欲。相形之下,王阳明以心即理沟通普遍之理与个体之心,无疑表现了不同的思维取向:他以理内在于心扬弃其对象性,同时亦意味着扬弃其超验性。

从另一方面看,个体意识本身亦有一个提升的过程,而这一过程又与个体由自在到自为的发展相联系。个体在走向自为的过程中,总是不断接受理性的规范,心的灵明觉知正是在这一过程中由潜能转化为现实,并逐渐获得具体的内容。当个体尚未经过这样一个理性化的过程时,他往往只是本然的、前社会化的存在,其意欲、情感、要求等等亦常常不易与本能区别开来。换言之,个体如果停留于前理性的、前社会化的层面,那么,这种意识便很难视为本来意义上的主体意识。道家要求绝圣弃智,将理性的规范都视为对个体

---

① 康德在理论理性中区分了先验与超验,但在实践理性中却似乎将先验与超验融而为一。

的束缚，由此推向极端，便只能把人引向本然的存在。王阳明以心即理的命题，肯定了普遍之理应当内化于个体之心。通过理与心的融合，一方面，普遍之理不再仅仅表现为与主体相对的超验存在，另一方面，个体意识则开始获得了普遍性的品格；心与理的统一在主体意识中具体化为个体性与普遍性的统一。

心与理的统一，并不是静态的合一，它一开始便具有某种过程性，而在王阳明看来，这种过程又具体展开于事亲事君等道德、政治践履。正是在事亲事君、"应接事物"的活动中，天赋于此心的普遍之理逐渐具体化为"孝""忠"等道德意识，这同时也是普遍规范在制约主体行为的过程中扬弃自身的抽象性与超验性的过程。如果不了解心与理在践履过程中的合一，则往往容易导向专求本心："后世所以有专求本心，遂遗物理之患，正由不知心即理耳。"(《传习录》中)质言之，正是在日用常行的践履过程中，以先天的形式表现出来的理开始获得了多方面的规定，并构成了主体意识的现实内容；而个体之心也相应地得到了提升(不再停留于单纯的自心或自我之情、意)。

在禀受于天(得于天)的前提下将心与理融为一体，这无疑带有思辨的形式，但透过思辨的形式，我们却可以发现若干值得注意的见解。王阳明所说的心即理，首先是指普遍的道德规范(作为当然之则的天理)与个体道德意识的合一。按其本义，道德不同于法，它并不是以强制的方法迫使主体接受某种规范。只有把普遍的道德律转化为个体的信念、情感、意愿，才能有效地影响主体的行为。伦理规范渗透于主体的过程,实际上即是普遍的道德规范与个体的信念、情感、意愿等等相融合的过程。正是通过这种交融,道德才获得了内在的力量。一旦把道德律令归结为与个体意识相对立的强制性规范,那么,它往往会蜕变为毫无生命力的抽象训条。王阳明认为作为当然之则的理不应外在于主体意识,似乎有见于此。

当然,理性规范(当然之则)本身具有二重性,就其作用方式而言,它固然唯有内化于主体意识才能制约个体的行为;但作为一般原则,它又具有超越于个体的一面:一定时期的道德规范,总是构成了普遍的行为准则和评价标准,这种准则在相当程度上具有非个体所能范围的公共性质。过分强调当然之则的内在性,亦容易导致弱化其普遍性与公共性。王阳明由心即理引出心外无理,已蕴含了如上可能,而在王门某些后学的演进中,这一趋向似乎表现得更为明显。从这方面看,心即理的命题正如性即理的命题一样,亦有自身的问题。

通过理内化于心而达到理与心的融合,主要从主体意识的形成及其内在结构上,展开了"心即理"这一命题的内涵。除了理向心的内化外,心即理还具有另一重含义,即心通过外化而显现和展示理;而心外化的过程,也就是"在物"的过程。在向门人解释心即理的含义时,王阳明阐发说:"此心在物则为理。如此心在事父则为孝,在事君则为忠之类。……诸君要识得我立言宗旨,我如今说个心即理是如何,只为世人分心与理为二故,便有许多病痛。"(《全集》,第121页)这里的在物,是一个事父事君的践履过程。按王阳明的理解,经过理的内化,心逐渐获得了普遍的内容,后者又通过践履的过程而进一步对象化(外化)。心的外化首先表现为内在的道德意识在道德实践中取得了一般规范的形式:在事父的过程中展示为孝,在事君的过程中展示为忠,等等。这样,理融合于心(主体意识),心又外现为理(行为的普遍规范),心与理相即而不相离。

作为"心即理"的内涵之一,心的外化或对象化当然并不仅仅表现为心(主体意识)在道德实践中展示为一般的行为规范(理);在更深层的意义上,它同时涉及外在世界(首先是道德世界)中理性秩序的建立。在分析格物致知时,王阳明便从如上角度对合心与理的意义作了阐述:

> 若鄙人所谓致知格物者,致吾心之良知于事事物物也。吾心之良知,即所谓天理也。致吾心良知之天理于事事物物,则事事物物皆得其理矣。致吾心之良知者,致知也;事事物物皆得其理者,格物也。是合心与理而为一者也。(《全集》,第45页)

这里的致有推行之意,致吾心之良知于事事物物,亦即化道德意识为具体的道德行为。正是在道德实践中,人伦关系逐渐变得合乎理性的规范,人与人交往亦由前文明的形式趋于合理化:所谓事事物物皆得其理,首先便意味着形成理性化的道德秩序,在王阳明看来,通过心的外化(道德意识推行于道德实践)而达到社会人伦的理性化(事事物物皆得其理),即构成了心即理的另一重意蕴(是合心与理而为一者也)。

王阳明以心体立论,而对心体的如上理解,无疑有其自身的特点。一般而言,心体在普遍化之后,往往导向形式化:在意识之域,普遍化意味着超越特定的内容,由此便容易趋于形式化。当康德把实践理性规定为普遍的立法者时,这种理性同时亦取得了形式化的品格:它被剔除了任何经验的内容。纯粹的理性形式就其本性而言很难为行为提供内在的动力,康德似乎亦未能解决如何从普遍的理性形式向具体行为过渡的问题:普遍的立法固然提供了形式化的法则,但它主要告诉人们应当如何,而并不能担保人们在现实中实际如此。作为理与心的融合,王阳明所注重的心体,显然不同于纯粹的理性形式,它内在地渗入了人的价值追求,并相应地包含了休谟视为行为动因的情感等内容,从而既为行为提供了普遍的导向,又构成了行为的内在动力。所谓致吾心之良知于事事物物,强调的便是心体并不是静态的逻辑形式,而是具有向道德实践过渡的能动品格;简言之,心的外化或对象化表明,心体既是形式因,又是动力因。

将心体与纯粹的理性形式区分开来,常常又易于走向另一端,即仅仅关注心体之中与个体存在相联系的那一面。休谟将理性视为情感的奴隶(参见《人性论》,商务印书馆,1981年,第453页),即多少表现了这一趋向。非理性的方面固然可以成为行为的动因,但如果仅仅由此出发,则行为的结果便难免导致社会的无序化。与这种非理性的倾向不同,王阳明将心的外化或对象化理解为通过道德实践使事事物物皆得其理,亦即把心的外化与社会秩序的理性化联系起来,从而使心体同时成为指向理性秩序的目的因。

可以看到,王阳明以心即理界定心体,有其多方面的意蕴。在心即理的形式下,普遍之理构成了主体意识的题中之义,个体之心(包括其中情感、意志、直觉等非理性的方面)同样获得了其定位;理性与非理性在主体意识中都取得了某种"合法性"的形式。相对于程朱由强化理性而贬斥非理性,王阳明无疑更多地注意到了主体意识的多重规定。心与理的合一,同时展开为一个过程,这一过程既表现为普遍之理通过道德践履逐渐内化并融合于主体意识,又表现为道德意识(心体)外化为道德行为,并进而通过道德实践而实现社会人伦的理性化。作为本体,心不同于纯粹的理性形式,亦非单一的个体之意,其内在特点表现为普遍性与个体性的统一,而心体在践履过程中的外化与对象化(人伦秩序的建立),则通过本体的外在展现而使之取得了某种现实性的品格。

三、成圣的内在根据

王阳明从性体走向心体,其思维行程在一定意义上表现为由程朱回归孟子。就其思想系统的内在结构而言,心体的重建又构成了其人格理论及德性理论的逻辑前提。与其他理学家一样,王阳明试图从理论上解决内圣如何可能的问题,心体的讨论并未离开这一主题。内圣之境作为理想之境,具有超越既成存在的崇高性质,这一点,程朱已注意到了,他们之突出超验的性体,从某些方面看即意在为内圣之境的崇高性提供担保;而王阳明以普遍之理为心体的内容,亦表现了相近的思路。

在以上方面,王阳明显然不同于禅宗。禅宗从缘起说及自心是佛的观点出发,强调作用即为性,并由此把人的一切个别的、偶然的行为都视为道:"行住坐卧,无非妙道。"(慧海:《顿悟入道要门论》)这种看法将道降低为偶然的作用,以外在的"缘"消解了内在的本体,因而带有明显的现象主义性质。朱熹已对此提出了责难:"佛家所谓作用是性,便是如此。他都不理会是和非,只认得那衣食作息,视听举履便是道,……更不问道理如何。"(《朱子语类》卷六二)在否定以作用为性这一点上,王阳明与朱熹无疑有一致之处。他曾批评佛、老遗理说心:"佛、老之空虚,遗弃其人伦事物之常,以求明其所谓吾心者。而不知物理即吾心,不可得而遗也。"(《全集》,第245页)离开理求吾心,意味着抽去普遍的本体,在佛家那里,这可以看作是以作用为性的逻辑结果。王阳明的以上批评表现了其拒斥佛家的立场,而他对本体的承诺并以之为走向内圣之境的出发点,也确实有别于禅宗消解本体的现象主义倾向。

然而,内圣之境毕竟不仅仅是一种崇高之境,它同时又具有内在性的品格,后者首先意味着不能无视个体的特定存在。与注重心体之中的个体性规定相联系,王阳明一再强调"人要随才成就"(《传习录》上)。在王氏看来,人的个性千差万别,因而不能以一般的模式去强求一致：

> 圣人教人，不是个束缚他通做一般，只如狂者便从狂处成就他，狷者便从狷处成就他。人之才气如何同得？（《全集》，第104页）

就目标而言，个体发展具有趋同的一面（以成圣为其终极理想），但走向理想之境的方式则可以不同；人格的培养应当根据个体的特点，采取相应的形式。从现实的形态看，个性包含多方面的内容，如果仅仅以普遍的理性规范来加以约束，则难免抑制个体的创造性和内在活力，而由此形成的人格亦往往将成为抽象的理性原则的化身。程朱以性体立论，注重的首先是普遍的理性对个体的塑造，亦即以理性本体担保人格的崇高性与普遍性，而对人格培养中的个体性原则常常不免有所忽视。王阳明将心体作为成圣的出发点，这种出发点逻辑地蕴含着随才成就的原则，而王阳明由此反对强求人"通做一般"，则多少超越了抽象的理性原则对个体原则的消融。

理想人格的内在性不仅与个体存在相联系，在更深层的意义上，它又指向真诚性。内圣作为人格之境，并不是外在的矫饰，而是一种实有诸己的真诚品格。如果仅仅依照外在的理性规范，而未能将一般的理性原则融合于内在心体，则行为便往往会如同做戏：

> 若只是那些仪节求得是当，便谓至善，即如今扮戏子，扮得许多温清奉养得仪节是当，亦可谓之至善矣。（《全集》，第

3页)

类似的看法还有:"若无真切之心,虽日日定省问安,也只与扮戏相似,却不是孝。此便见心之真切,才为天理。"(《全集》,第1174—1175页)戏总是做给人们看的,戏子尽管可以依仿现实中的人物,但毕竟不同于真实的人格。成圣意味着达到至善,但倘若这一过程只是追求在外在形式上合乎理性的规范,那么,它就会如同做戏,而难以达到真实的人格。在王阳明看来,要避免这种外在矫饰,便必须让普遍之理落实于心体,化外在的规范为内在德性,从而使行为不再仅仅依照形式化的理性规范(仪节),而是真正出自内在的道德本体。

可以看到,在王阳明那里,心体的建构与内圣如何可能的问题息息相关。王阳明把心体理解为普遍之理与个体之心的统一,而这种道德本体又构成了成圣的内在根据:如果说,理作为心体之中的普遍性规定保证了内圣之境的崇高性,那么,心与理的融合(理内化于心)则为内圣成为实有诸己的真诚人格提供了担保,二者从不同方面对内圣何以可能作了理论上的说明。

心体作为理性与非理性、普遍性与个体性的统一,具有某种本体论的意义:它总是与现实的主体同在;换言之,心体不是无人格的逻辑形式,它存在于主体在世的过程中。内圣作为至善的德性,则构成了主体境界。心体的本体论意义,在逻辑上亦决定了内圣之境的本体论意义:真正的境界总是将化为人的具体存在,并展开于人的实践过程中。这样,心体与内圣的统一,同时便蕴含着存在与境界的统一。王阳明强调普遍之理与个体存在的联系,确乎较多地注意到了道德本体与道德境界的现实性品格。

与本体的这种现实性维度相应,理与心的融合也意味着由形而上的超验之域向个体存在的某种回归。如前所说,性体作为普遍的本质,更多地指向超验之域;相对于性体,心体与感性的存在有着更为切近的联系。康德常常将感性的存在与动物性联系起来(参见《实践理性批判》,商务印书馆,1960年,第62页),程朱在这方面亦近于康德,这种看法很难避免本质主义的走向。事实上,感性并不能简单地等同于动物性。感性本身有原始形态(本然形态)与人化形态之分,与个体的社会化过程相应,作为个体存在规定之一的感性,在相当程度上已取得了人化的形式,这种感性显然不能归结为动物性。总之,感性的原始形态固然应当超越,但不能由此贬斥人的感性规定;一旦与人的感性规定分离,人的存在便难免趋于片面化。王阳明以心即理沟通形而上与形而下、理性与感性,并以此作为达到理想之境的内在本体,这一思路既注意到了存在与本质的联系,也相应地肯定了理想人格中的感性规定,从而多少避免了将其抽象化与片面化。

第三讲

心与物

一、心物之辨的内在含义

二、存在与境界

一、心物之辨的内在含义

心体作为本体并不仅仅囿于主体意识,它自始便关联着广义的存在;心体的重建则相应地为考察心物关系提供了逻辑的前提。在心物关系上,王阳明的兴趣之点不在于提供某种形而上的宇宙模式或世界图景,而在于将存在的规定与意义世界的建构联系起来,后者表现了一种独特的理论路向。

王阳明曾提出过一个著名的论点,即"意之所在便是物"(《传习录(上)》,《全集》,第 6 页)。这里的意,是心体在活动过程中的表现形式,物则不同于本然的存在,本然的存在总是外在于主体意识(未为主体所作用),作为"意之所在"的物,则是已为意识所作用并进入意识领域的存在。意之在物既是一个意向(意指向对象)的过程,又是主体赋予对象以意义的过程。在王阳明看来,对缺乏伦理、政治意识的人来说,亲(父母)、君、民等只是一般对象意义上的存在,它们与山川草木等自然对象似乎并没有什么不同;只有当心体指向亲、君、民等等,它们才作为伦理、政治关系上的"亲""君""民"等而呈现于主体,亦即对主体来说才获得"亲""君""民"等的意义。

可以看到,意之所在即为物,并不是意识在外部时空中构造一个物质世界,而是通过心体的外化(意向活动),赋予存在以某种意义,并由此建构主体的意义世界;而所谓心外无物,亦非指本然之物(自在之物)不能离开心体而存在,而是指意义世界作为进入意识之域的存在,总是相对于主体才具有现实意义。不难发现,这种意义世界不同于形而上的本体世界:它不是超验的存在,而是首先形成并展开于主体的意识活动之中,并与人自身的存在(existence)息息相关。王阳明将存在的考察限定于意义世界,与程朱从宇宙论的角度及理气的逻辑关系上对存在(being)作思辨的构造,确乎表现了不同的思路:它在某种意义上可以看作是一种本体论的转向。

当然,意义世界并不仅仅表现为意向活动的产物,在王阳明那里,意指向对象的过程,同时也就是事亲、事君的实践过程。作为心之所发,意首先发于道德践履之中,而意之所在,也首先在于这种实践过程。这样,物已不仅仅是静态的对象,而是与主体的活动息息相关。事实上,在王阳明那里,事与物已被打通:物常常被理解为事,所谓"物即事也"即表明了这一点。意指向本然之物,诚然化本然的存在为意义世界中的对象,但此时意义世界还主要是意识中的存在。唯有通过切实而行的过程,意义世界才能进一步获得现实性的品格。这样,意之所向与实际践履便有了一种内在的联系。意指向对象,使本然的存在获得了人化的意义(如自然的血缘关系上的亲子成为伦理意义上的对象),而事亲、事君的道德践履,则现实地建构起亲子、君臣之间的伦理关系。物与事的沟通,使心学的侧重点由超验的自在之物转向实践中的对象;意向活动与道德践履的相融,则使意义世界的建构不再仅仅表现为意识领域的活动。

以上所涉及的,主要是道德之域。意义世界当然不仅仅是一个伦理的世界,它有着更广的内涵。在谈到良知与天地万物的关系时,王阳明便认为:"良知是造化的精灵。这些精灵,生天生地,成鬼成帝,皆从此出,真是与物无对。"(《传习录》下,《全集》,第104页)这里的生天生地,并不是一种宇宙论上的生成关系,而是心体与对象之间的意义关系。在心体之外,天地固然依旧存在,但这是一种本然的、未分化的"在";天地之分,或天地呈现为如此这般的存在,离不开心体(良知)的灵明知觉,所谓"皆从此出",便是指"天""地"之意义源于心体(由心体赋予)。从这种意义关系上看,心与物并不呈现为两个对立的序列:进入意义世界的天地等物,与心体(良知)难以截然分离(在心体之外,天地不再呈现为意义世界中的"天地"),就此言,二者确乎"无对"。

王阳明的以上看法,在当时并没有得到普遍的理解,即使其门人,亦有时而提出质疑。《传习录》(下)有如下记载:王阳明与几位弟子一起外出游山,其中一位弟子指着岩石中盛开的山花说:这些花在深山中自开自落,与我的心体又有什么关系?王阳明回答道:

当你没有看此花时，此花与你的心同归于沉寂。而当你来看此花时，则此花颜色都显得明亮起来。由此便可知道此花不在你的心之外。提问者的关注点，与王阳明对存在的规定，显然处于不同的问题领域。关于心与花同归于寂的问题，这里暂且不议，留待后文详论。所谓花自开自落，着眼的是本然的存在；花的颜色明白与否，则是相对于观花的主体。就本然的存在而言，花之开与花之落与心体似乎并不相干；但花究竟以何种形式呈现出来，亦即花究竟对主体来说具有何种意味，则很难说与心体无关：花的颜色鲜亮（明白）与否，已涉及花的审美形式，这种形式并不是一种本然的存在，它只有对具有审美能力的主体来说才有意义，诚如马克思所指出的："对于没有音乐感的耳朵说来，最美的音乐也毫无意义。"（《1844年经济学哲学手稿》，人民出版社，1985年，第82页）当王阳明说"此花不在你的心外"时，似乎更多的是就以上的意义关系而言。

意义关系中的存在，当然不限于花的审美形式；广而言之，它也显现于人与天地万物的关系之中："我的灵明，便是天地鬼神的主宰。天没有我的灵明，谁去仰他高？地没有我的灵明，谁去俯他深？"（《传习录》下，《全集》，第124页）与良知之"生天生地"一样，这里的主宰并不是就我的灵明决定天地万物的存在及运动变化而言，而是指天地万物由本然的存在成为意义世界中的存在，离不开"我"以及我的意识活动。作为自在之物，天无所谓高或低；只是相对于我，天才呈现为高。离开了我，天固然依然存在，但它所呈现于我之前的高（对我来说它所具有的高），则不复存在。就此而言，可以说，

"天没有我的灵明,谁去仰他高?"

王阳明关于意义世界的如上析辨,曾使他的一些门生感到不解。《传习录》(下)记载了其门人的疑问:天地万物从古到今都存在,为什么说没有我的灵明,便不存在了?对此,王阳明作了如下回答:你看现在已去世的人,其精神与灵明知觉已不复存在,他的天地万物又在何处?(同上书)如同花自开自落,与心有何相关的质疑一样,以上问难基本上仍以宇宙论为其立场,它所侧重的,是人之外的本然意义上的存在。与之相异,王阳明所关注的,首先是"他的"世界("他的天地万物"),这种世界,也就是属于人的意义世界。作为自在之物的天地万物,其存在变化并不以人为转移。然而,意义世界却总是有其相对性的一面。天地万物与不同的个体,往往构成了不同的意义关系;换言之,对不同的主体,天地万物常常呈现出不同的意义。从某些方面看,似乎也可以说,每一个人都有一个属于"他的"世界,而当他走向生命终点时,属于他的意义世界也即同时趋于终结,而此时,王阳明似乎亦有理由反问:"他的天地万物又在何处?"

至此,王阳明主要强调了主体(我)在意义世界建构中的作用。作为一个过程,意义世界的形成并不是一种凭空的构造。在程朱理学中,宇宙的生成与演化往往表现为太极—阴阳—五行—万物之类的单向决定。相对于此,意义世界的建构则展示了不同的特点。如前所述,王阳明曾认为:"你未看此花时,此花与汝心同归于寂。"这里的"同归于寂"很值得注意。就意义世界的建构而言,心固然为作用的主体,而意义世界则是其作用的结果,但心体本身的意向活动亦离不开对象;无心体对象诚然无从进入意义世界,但无对象,心体的作用也无从展开:当二者未相遇时,便只能同归于寂。事实上,化本然的存在为意义世界中的存在,改变的主要是对象的存在方式,而这种改变,本身也要以对象某种意义上的"自在"为前提。从这一角度看,心体的作用对对象世界也具有某种依存性。

王阳明似乎也注意到了以上关系,从下面所引论述中,便多少可以看到这一点:"我的灵明离却天地鬼神万物,亦没有我的灵明。如此便是一气流通的,如何与他间隔得?"(《传习录》下)此所谓无天地万物则无我的灵明,似有二重含义:其一,在意义关系中,心体与对象不可相离,无心体固然物不成其为意义世界中的物,无对象则心体(灵明)亦不再是关系中的心体;其二,心体不能完全在对象世界外凭空构造。这样,心物之间似乎便有了一种互为体用的关系:就自在之物唯有在意向活动中才能转化为意义世界中的为我之物言,心为体,物为用;就无天地万物亦无我的灵明言,则物为体,心为用。正是在后一意义上,王阳明认为:"心无体,以天地万物感应之是非为体。"(同上书)就是说,心的活动,本身也要以天地万物的相互作用为根据。

王阳明在心物关系上的以上看法,常常被用来与英国哲学家贝克莱作类比。贝克莱认为存在就是被感知。初看去,这一看法与王阳明的"意之所在便是物"似乎颇多类似之处。不过,若作进一步的考察,则可发现,二者实难简单等同。贝克莱所谓感知,首先是指感觉,王阳明的"意",其内涵则更为复杂;作为心体的表现形式,它以知为体,又表现为主体意向,而与知和意向相互融合的,则还有情感等。贝克莱以感觉为第一原理,而感觉作为存在的第一原理,主要并不是体现于感觉与对象之间的意义关系中,它所关联的是存在与非存在问题;换言之,在贝克莱那里,感觉主要不是意义所以可能的条件,而是存在所以可能的条件。贝克莱曾举例说:我写字用的这张桌子所以存在,只是因为我看见它,摸着它。这里涉及的,已不是对象(如桌子)对主体呈现为何种意义,而是对象是否存在。相形之下,王阳明对有无、生成等问题较少表现出兴趣,他关注的重心首先是心体与对象的意义关系。如果说,贝克莱以感觉为存在所以可能的条件,仍是以思辨的方式构造存在,那么,王阳明则由存在的构造转向了意义世界的构造。

对存在的思辨构造,往往很难避免形而上的虚构。贝克莱以我的感觉为存在所以可能的条件,在逻辑上蕴含着如下困难,即它无法与存在的连续性这一事实相容。如果对象仅仅依存我的感觉,则感觉发生,对象才存在,感觉消失,则对象亦不复存在,这样,对象便只有方生方灭的间断性,而缺乏连续性。为了说明存在的连续性,贝克莱不得不设定其他感觉主体的存在,并由此进而引出了"无限的精神实体":当我和其他主体没有感知对象时,对象的存在乃是依存"无限的精神实体"的感知。贝克莱的这种超验预设,使其体系在理论上很难达到内在的自洽:存在即被感知的命题如果贯彻到底,则无限的精神实体之预设便无法成立。事实上,以思辨的方式构造存在,总是难以完全克服这种理论困难。反观王阳明的心学体系,由于他的兴趣从宇宙论上的有无、生成等转向了意义世界,终极存在的构造已在其问题域之外,因之,他既不必在心体之外设定某种形而上的实体,也无需面对由此导致的内在理论困难。

当然,王阳明对存在的考察路向也有自身的问题。他以意义世界为关注之域,而在"意之所在便是物"这样的界说中,他所强调的,更多的是心体在赋予意义中的作用;在作为用的意义世界与作为体的心这二者之中,王阳明往往较多地注重后者(心体)在构造前者(意义世界)中的作用。由此出发,对象的自在性往往容易被淡化。事实上,意义世界中的对象既是为我之物,又有其自在性;就其进入意义世界而言,它是意义关系中的存在,但它又并非完全同化于关系,忽视了其外在于关系(自在性)这一面,常常容易将其限定于意识之域。同时,王阳明对物与事作了沟通("物即事也"),这固然注意到了意向活动与实践活动的联系,但以事为物,亦使作为对象的客体无从定位。王阳明以心体立论,在理论上似乎很难避免以上偏向。

二、存在与境界

如前所述,王阳明认为,在化本然世界为意义世界的过程中,良知与万物表现为一种"无对"的关系,而无对则意味着一体无间。广

而言之,这种关系普遍地内在于天人之际:

　　人心与天地一体,故上下与天地同流。(《传习录》下,《全集》,第106页)

　　盖天地万物与人原是一体,其发窍之最精处,是人心一点灵明。风、雨、露、雷、日、月、星、辰、草、木、山、川、土、石,与人原只一体。故五谷禽兽之类,皆可以养人,药石之类,皆可以疗疾。(同上书,第107页)

此所谓天地万物,是已进入人的生活世界的自然。山川草木,日月星辰本是自在之物,但作为人生存的条件,却又已融合于人的世界,并与人息息相关。在这里,天与人的统一,乃是以人化过程为前提:所谓人心是其发窍之最灵处,便潜含了意识之光对天地万物的投射,而以五谷养人、以药石疗疾则体现了人对自然之物的作用,正是在这一过程中,人与万物的一体无间具有了现实性。

从哲学史上看,天人一体的观念当然并非源出于王阳明。早在先秦,儒、道已从不同角度提出了类似的思想;王阳明以前理学家亦对此作了多方面的阐发,其中尤为值得注意的是程明道(程颢)的看法。程明道一再强调:"天人本无二,不必言合。"(《河南程氏遗书》卷六)在著名的《识仁篇》中,程明道亦以"与物同体"为其仁学的中心思想:"学者须先识仁。仁者,浑然与物同体。"(同上书,卷二上)王阳明的"无对""一体"诸说,与之无疑相通(事实上,《识仁篇》中便已有"此道与物无对"等语)。不过,程明道似乎更多地把与物同体

理解为一种本然的状态,所谓"天人本无二",便已突出了此点。而天人所以本无二的根据,又被追溯到了超验之理:

> 所以谓万物一体者,皆有此理,只为从那里来。(《河南程氏遗书》卷二上)

> 故有道有理,天人一也,更不分别。(同上)

依照以上的逻辑推论,则天人合一便以理为终极之源:天人所以一体,是因为二者皆出于理。对天人关系的这种规定,与程朱考察存在的方式有着内在的一致性;由理到物(人)的本体论——宇宙论向度,似乎构成了天人一体的逻辑前提。这种思路与王阳明有所不同。王阳明没有在天人之上再设定一个超验之理,与之相应,人与万物之无对也并不以天人之上的超验天理为其终极根据:它乃是以作为心体外化的人文世界为背景。

在人化世界的背景中讲天人合一,更多的是就存在状态而言。对王阳明来说,人之与物无对,不仅仅是一种存在形式,它更与主体的境界相联系。作为存在的形式,对象固然处于意义关系之中,因而无物我之分、内外之别,但主体并非一开始便体认到了这一点。只有通过致良知的功夫,才能逐渐达到内外两忘的境界:

> 我这里功夫,不由人急心认得。良知头脑,是当去朴实用功,自会透彻。到此便是内外两忘,又何心事不合一?(《传习录》下,《全集》,第105页)

"内外两忘"一语亦见于程明道的《定性书》,不过,二者侧重似有所不同。程明道之内外两忘,首先针对"非外是内"而发:"与其非外而是内,不若内外之两忘也;两忘则澄然无事矣。"(《河南程氏文集》卷二)他所批评的是专注于内在之性而以应物为累的路向。王阳明则既反对重内而轻外,亦拒斥了执着于外物而遗忘心体;换言之,在王阳明那里,内外两忘意味着破除内外之分、物我之别,从而达到我与万物为一体的精神境界。

境界与意义世界有相互关联的一面,但二者又并不完全重合。意义世界在广义上可以看作是人化的世界,其意义不仅相对于主体而言,而且总是展现于主体间:通过意向活动及道德实践而建构起来的人伦关系、道德秩序等等,都并非只对个体才具有意义,而是带有某种公共的性质。相对而言,境界更多地与主体的精神状态相联系,它固然也体现于外在的行为过程,但它首先表现为内在的仁智之境。与之相应,境界总是和个体的存在不可分离:境界在一定意义上也就是主体的精神世界。一旦达到内外两忘之境,则主体便能"精神流贯,志气通达,而无有乎人己之分,物我之间。"(《传习录》中,《全集》,第55页)这是一种自我精神的提升。在这种精神境界中,主体与主体(人己)之间,主体与对象(物我)之间不再呈现为相互对峙的二重序列,自我似乎内不觉其一身,外不察乎宇宙,小我与大我完全一体无间。

从这一前提反观王阳明的心外无物论,便不难理解,这既是本体论,又是境界说。就本体论言,意之所在便是物(意义世界中的存在离不开意向活动);从境界的角度看,内外合一,心物无间。总起来便是:"本体原无内外。"(《传习录》下,《全集》,第92页)可以看到,在王阳明那里,存在与境界、本体论与境界说呈现为交融互渗的关系。意义世界中的存在既外化为伦理——政治秩序,又具有内在的境界意味;内外两忘,心物无间的境界则总是与主体的存在合一,并展示于存在的各个向度。由此,王阳明可以说:"天地万物,俱在我良知的发用流行中,何尝又有一物超于良知之外,能作得障碍?"(同上书,第106页)这是意之所在便是物的引申,又是破除物我对峙之后达到的内在境界,它体现了存在与境界的统一。

境界可以有不同的内涵。冯友兰曾将境界区分为四种,即自然境界、功利境界、道德境界、天地境界。从某些方面看,王阳明的内外两忘、物我无间之境,颇近于所谓天地境界,但就总体而言,其内在精神更合乎道德境界;从王阳明的如下阐发中,即不难看出此种趋向:

> 大人者,以天地万物为一体者也,其视天下犹一家,中国犹一人焉。若夫间形骸而分尔我者,小人矣。大人之能以天地万物为一体者也,非意之也,其心之仁本若是,其与天地万物而为一也。(《大学问》,《全集》,第968页)

天下一家、无分尔我与张载(1020—1077)在《西铭》中提出的民胞物与("民吾同胞,物吾与也")大体一致,其基本思想是超越自我中心,以仁道的原则处理主体间关系。王阳明以此作为天人合一、万物一体的具体内容,意味着将物我两忘、万物一体之境主要理解为一种道德境界。这种境界说,无疑体现了人文关怀与仁道原则相统一的儒学传统。

王阳明以内外两忘、物我无间打通了存在与境界,并将存在的体认与境界的提升统一起来,其思路确乎有值得注意之处。哲学不能回避存在的问题,无论是古希腊以来的西方哲学,还是先秦以后的中国哲学,尽管考察方式不同,但都经历了对存在无尽的追问。这种追问与思辨的构造相结合,往往导致终极存在的设定;与语言分析相结合,则走向斯特劳森(P. F. Strawson)所谓分析的形而上学或描述的形而上学(Descriptive Metaphysics)。①前者是实质的(涉及内容的),但又作了超验的本体论承诺;后者拒斥了超验的本体论承诺,但又是无内容的(形式的)。王阳明沟通存在与境界,走的是一条不同的本体论之路。它没有离开现实的存在(特别是人的存在),从而不同于准形式化的逻辑分析;但又与思辨的构造保持了一定的距离,从而避免了过多的本体论承诺。

不过,以天人合一或内外两忘、物我无间为本体论思路,也蕴含着自身的问题。在天人、物我之间言合,固然扬弃了天人之间的紧张与对峙,但仅仅以一体无间界定这种关系,也往往使对象的自在性难以落实:当物我无间时,对象的"为我而在"似乎消融了其"自在"。在意义世界的建构中,这一点已经显露出来,而内外两忘则使这一趋向表现得更为明显。诚然,作为境界,一体无间更多地体现

---

① 参见斯特劳森(P. F. Strawson):*Individuals*,London,1959.

了主体的精神向度与人生体验,它对于超越自我中心无疑有重要意义,但境界与存在完全合一时,这种精神体验往往也被视为存在的规定,从而模糊心物的界限。

自人从自然分离出来以后,天人、心物关系便开始了其绵绵相延的历史。这一历史过程的起点——天与人的分离颇有意味,它一开始便决定了天人关系的复杂性。分离以原始的统一为前提:从终极的意义上看,天人之分,是存在的自我分化。但既分之后,则又由无对而走向了有对。这种有对是一个历史事实,执着于有对,当然会衍生各种问题,如近代以来的以人类为宇宙中心、工具理性过度膨胀、技术专制等等,都与之有关。但一味拒斥有对,将主客之分、天人之别都视为理性的失误,亦往往将导向追求原始的合一。这既是非历史的,又带有浪漫的空幻色彩。① 天人之间的有对固然应当超越,但作为一种既成的历史事实,它又无法回避。有对的化解,本身必须以正视这种有对为前提;唯有承认作为历史事实的有对,才能既切入人道,又把握天道,在认识自己和认识世界中进一步超越二者的对峙。人并非仅仅存在于精神世界中,人也不能完全满足于在意识之域的体验中达到内外两忘。从更广的视域看,超越有对而走向无对,还具有现实的历史内容:无对并不是回到原始的混沌,它所指向的,是人与自然在更高历史层面的统一,而这种统一,

---

① 当海德格尔对诗意地栖居大地反复加以赞美时,固然表现了超越技术社会种种"有对"的意愿,但同时亦蕴含了将"无对"之境过于浪漫化、理想化的趋向。

又以天人的某种有对为前提：它总是伴随着人（作为主体的人）对世界（作为对象的世界）的认识与作用。

王阳明在肯定天人无对、无间、一体、合一的同时，对二者的有对似乎缺乏必要的意识。在他那里，人所面对的，总是一个通过意向活动而人化的世界，在这一世界中，天人之间呈现为一体无对的关系；而就个体的精神之域言，内外两忘则构成了其追求的理想之境。这样，无对便似乎消融了有对，而当主客、天人之分归于两忘时，对象世界的认识便难以落实。事实上，从"无有人己之分，物我之间"中，王阳明引出的结论正是："知识技能非所与论也。"（《传习录》中，《全集》，第55页）在这方面，王阳明对物我、天人关系的理解，无疑又有其自身的内在弱点。

王阳明将存在的追问与意义世界联系起来，在人自身的存在过程中澄明世界的意义，从而避免了对超验本体的过多承诺，并表现出统一本体论与价值论、伦理学的趋向。心物之辨中对意义关系的注重，进一步引申为内外两忘的境界，而存在与境界的统一，则使天人之际从有对走向了无对。这一思路扬弃了天人、物我之间的紧张与冲突。然而，物我无间之境固然在提升主体精神上具有不可忽视的作用，但以境界中的内外两忘为化解有对的方式，则又使超越有对的过程失去了更为具体的历史内容：天人在精神世界中的一体无间，消解了对外在世界的认识与历史实践。以心体出发定位存在，使王阳明始终未能看到，天人之际从有对到无对的演进，是一个在认识与实践中不断重建天人统一的历史过程。

第四讲

德性语境中的良知

一、德性的涵养

二、德性与道德行为

三、德性与规范

一、德性的涵养

如何在日用常行中为善去恶,是理学所关心的问题之一。为善去恶以分辨善恶为前提,而善恶之分则表现为一个知的过程(知善知恶)。道德行为与道德认识的这种关联,早期儒家已有所论析,所谓"未知,焉得仁?"(孔子)便蕴含了此点。程朱对二者的关系尤为关注,并由此进而强调了知当然(把握普遍的规范)对行当然(在行为中遵循规范)的逻辑在先性,从程朱以穷天下之理为进路,就不难看到这一思维趋向。这里似乎内含着某种乐观的信念:通过探索所当然之理,便可逻辑地引向为善去恶的道德实践。

王阳明并不否认知当然对行当然的意义。不过,对他来说,知识与道德似乎具有更为复杂的关系。在谈到知恶与止恶时,王阳明指出:一个人在做某种不道德的事时,他的内在良知并非对此一无所知,只是他不能致其良知,以致最后不免归于小人之列。这里所说的"致",有推行之义。当人为恶时,其道德意识未尝不处于明觉状态,换言之,他未尝不知什么是善,什么是恶,然而,这种善恶之知,并没有自然地使之导向为善去恶。在这里,道德知识(知善)与道德行为(行善)之间显然存在着某种距离,而如何为善去恶的问题则具体地转换为如何从认识过程中的知善知恶到实践过程中的为善止恶。

知善知恶属于广义的理性认识过程,它所面对的,主要是"是什么"的问题,包括善恶的分辨、道德规范的理解、伦理关系的把握等等。这种道德认识虽不同于一般的事实认知,但却仍以既成的现实(道德领域中的既成规范、准则、人伦关系等)为对象。与此相对,道德行为则首先涉及应当做什么的问题。从逻辑上看,对"是什么"的认识与应当"做什么"的要求之间,并不存在蕴含关系:知道是什么并不规定应当做什么。怎样沟通认识上的知与实践中的行?这是道德哲学难以回避的问题。王阳明认为自知善恶并不必然导向行善止恶,亦从一个方面突出了知实然与行当然之间的逻辑张力。

如何由知善到行善?在王阳明那里,这一问题的进一步追问,便引向了格外在之物与诚自我之意的关系。如前所述,程朱以穷理(把握天下之理)为入手处,其中多少蕴含着知识优先的思路。相形之下,王阳明关注的首先是如何诚自我之意。在解释格物致知时,王阳明便对程朱提出了批评。格物致知本来是早期儒家的经典《大学》提出的,宋明时期,哲学家们对此作了种种的解释和发挥。朱熹往往把格物理解为格外在之物,在王阳明看来,天下之物无穷无尽,如何去格?即使格了天下之物,又怎样反过来"诚得自家意"?(《传习录》下,《全集》,第119页)所谓诚自家意,也就是成就德性,与之相对的格天下之物,则更多地表现为成就知识;前者指向当然之域:成就德性展开于行其当然的过程,后者则以明其实然为目标。按王阳明的理解,成就知识与成就德性是两个不同的序列,知识的积累并不能担保德性的完成,所谓"纵格得草木来,如何反来诚得自家意",便以反问的形式突出了二者的逻辑距离。在此,问题的关键不在于如何穷尽天下之理,而是如何由成就知识到成就德性(诚自家意)。

成就德性(诚自家意)与当然之域的切近关联,使之在知实然与行当然的转换中具有了特殊的意义:从知善知恶到为善止恶的逻辑前提,乃是化知识为德性。正是在此意义上,王阳明一再强调:"道问学即所以尊德性也。"(同上书,第122页)"所以尊德性"也就是以成就德性为最终的目标。作为行当然的前提,成就德性(诚意、诚身)展开为一个"实有诸己"的过程,所谓实有诸己,即是通过自身的体察与践履,使道德意识成为主体的内在德性。王阳明对"讲之以口耳"与"讲之以身心"作了区别:讲之以口耳,也就是仅仅以"听"和"说"的方式来认识道,讲之以身心,则是通过身体力行来真正地体认道。(《传习录》中)作为体认对象的道、天理,首先指当然之则,而良知之中亦已蕴含了知善知恶的道德理性。明其善恶、知其当然无疑是孔门之学的题中之义,但如果它仅仅以知识的形态存在,则仍不免具有外在的性质;唯有融合于内在德性,良知才能成为主体真实的存在:讲之以口耳与实有诸己之别更深层的内涵,便是外在的理性知识与内在的真实德性之分野。

可以看到,在王阳明那里,从知善到行善的前提是化知识为德性,而这一过程同时意味着通过行著习察使良知由讲论之中的理性成为实有诸己的真实存在。作为实有诸己的德性,良知构成了主体真正的自我,这种表现为本真之我的良知已超越了知善知恶的理性分辨,而与人的存在融为一体。它不仅包含对当然的明觉,而且具有行当然的意向;知善,则同时好之如好好色,知恶,则恶之如恶恶臭,行善止恶皆自不容已。其所以如此,是因为知恶与好恶"皆是发于真心"。在真实的德性中,知善与行善已成为同一个我的相关向度,讲论言说与行著习察的对峙开始被扬弃。

从哲学史上看,知识与德性之辨,很早便为哲学家们所瞩目。亚里士多德已开始区分技术与德性。亚氏所说的技术,主要是一种外在的知识。所谓外在,是相对于主体言:即它只具有工具价值,而没有融入自我的内在人格。德性则不同于外在的工具:它已化为主体存在不可分离的部分;当行为出于德性时,主体并不如制造器物般地"用"某种知识,而是将其作为自身存在的方式。由此出发,当代一些哲学家如 B. 威廉姆斯进而对知识意义上的真(truth)与德性意义上的诚(truthfulness)作了区分。作为知识的真,首先与对象意识相联系,而作为德性的诚,则更多地涉及主体内在的反省意识、心理定势。在这方面,王阳明的思路似乎近于上述哲学家。

他之要求化知识为德性、以实有诸我的良知为真实之我(真吾),即是以外在知识与内在德性的区分为前提的。他曾批评仅仅关注于辞章、训诂、技艺等外在的知识,认为一味专注于此,固然可以成就知识,但亦仅限于外在的对象,无法成就自我。对王阳明来说,重要的是通过自我对道的深刻体认,以形成主体内在的德性。

真实的德性既是联结道德知识与道德实践的内在本体,又规定着知与行的性质及作用方向。就知而言,若无内在的德性,则"知识之多,适以行其恶也"(《传习录》中,《全集》,第 56 页)。从一般意义上看,知带有某种价值中立的特点,它并不内含预定的作用方向,往往既可引向善,亦可用于恶;即使伦理之域的知(关于当然、善恶之知),也未必担保一定导向善的行为:它同样可以被用于伪善之举。相对于单纯的知识,德性已超越了价值的中立而具有善的定向,这种善的德性同时作为稳定的意识结构而逐渐凝结为主体的人格,并制约着知的作用方向。

同样,德性也规定着行为的性质。主体所作所为是否具有善的品格,取决于是否出于真诚的德性。就孝而言,"孝亲之心真切处才是天理。如真心去定省问安,虽不到床前,却也是孝。若无真切之心,虽日日定省问安,也只与扮戏相似,却不是孝。此便见心之真切,才为天理"(《传习录拾遗》,《全集》,第 1174—1175 页)。所行是否为孝,不在于形式上做了什么,而在于这种行为是不是以真切的德性为本。离开真诚的德性,即使做出种种姿态,也必然形同做戏,而很难视为善的行为。

德性作为实有诸己的真实存在,并不是一种抽象的本体,在王阳明那里,它往往以良知为具体形态。如前所说,良知可以作不同理解,程朱强调良知"出于天而不系于人",即良知来源于超越的天理,而与自我无关,在这一层面上,良知更多地表现为普遍天理的化身,而非本真之我。王阳明从尊德性的角度,对良知的内涵作了理论上的转换,使之由不系于人的超验理性,向个体存在靠拢,所谓真我即良知,即体现了此种趋向。在德性或本真之我这一维度上,良知首先取得了自家准则的形式:"尔那一点良知,是尔自家底准则。"(《传习录》下,《全集》,第92页)这里的准则,更多地是指价值观领域的评价标准,它首先涉及判断善恶的评价。价值观意义上的评价当然包含认知,但它又不同于一般的知识:善恶的判断总是同时渗入了主体的权衡、选择、意愿以及价值取向。换言之,价值评价不仅以善恶之知为内容,而且为行为提供了某种导向。王阳明以良知为自家准则,同时也就确认了内在德性对行为的范导意义。

价值评价意义上的是非,自始便蕴含着情感之维,王阳明以如下论述点明了此层关系:"良知只是个是非之心,是非只是个好恶。只好恶就尽了是非,只是非就尽了万事万变。"(同上书,第111页)好即喜爱,恶则是憎厌,二者都属广义的情感。在善恶的评价中,不仅有理性的分辨,而且存在着情感的认同:好善恶恶已不单纯是理智的判断,它更是一种情感上的接受或拒斥。良知作为不系于人的超验理性(程朱),固然可以远离情感之域,但当它转换为主体的内在德性时,便难以隔绝于好善恶恶等情感。正是德性所蕴含的情感之维,从一个方面构成了向善的内在动因,并为知当然转化为行当然提供了某种契机。

除了情感之维,真实的德性还包含志的规定。王阳明很注重志的作用,将立志视为道德行为的前提。所谓立志,亦即确立行为的目标,它犹如舟船之上的舵,赋予主体活动以方向性。志不立则意味着茫无所适,最终势必一事无成。志的这种定向功能,亦可视为广义的意向性,当然,它具有恒定与专一的品格,因而又有别于一般的偶然意向。作为恒定专一的意向,志总是融入于德性之中,并制约着人的行为。与道德理性主要告诉人们何者为善、何者为恶有所不同,志之所向(意之所向)进而要求人们择善弃恶。正是通过影响人们的行为选择,志构成了由知善走向行善的另一动因。

从道德认识到道德实践的过渡,往往还面临意志软弱的问题。自我之所以虽知其善,却不能付诸于行;虽知其恶,却仍行而不止,常常便是由于缺乏坚毅的意志。这样,如何从知善知恶到为善去恶,总是涉及如何克服意志的软弱。有见于此,王阳明在考察志与行为的关系时,特别提到了进道之志的"勇猛专一"。专一即志的定向,勇猛则是意志努力,后者更多地体现了意志的坚毅性品格。此所谓进道,可以看作是实现道德理想的过程,如何化理想为现实,与如何由知当然到行当然本质上是相通的,而二者又都以具有坚毅的意志品格为前提。坚定的意志既经形成,往往将进而化为趋善去恶的行为定向,并赋予主体以不为外部阻力所屈的内在力量。这种为行为定向的坚毅意志,当然并非外在于自我的德性,它已凝结于良知之中,并随着良知的德性化而构成了德性的内在规定。因之,志的定向,同时即体现了良知(德性)的内在力量。

不难注意到,在王阳明那里,化知识为德性意味着通过深造以自得而转换良知(化"不系于人"之超验理性为实有诸己之真实的我),作为内在的德性(真吾),良知包含着自我评价的准则和能力,展开为好善恶恶的情感认同,并以恒定的意向和坚毅的努力制约着行为的选择与贯彻。这种德性既与自我存在融合为一,又构成了主体行为的动力因:从知善到行善的转换,正是以内在的德性为其自因,而为善去恶的道德实践亦相应地表现为一个基于主体自律的过程。

二、德性与道德行为

德性作为实有诸己的人格,是一种内在的真实之我。但形成于内并不意味着封闭于内。人格往往有其外在展现的一面,德性也总是体现于现实的行为过程。与化知识为德性相关联的,是化德性为德行。有见于此,王阳明在肯定道问学所以尊德性的同时,又一再要求"以成其德行为务"(《传习录》中,《全集》,第54页)。

就其现实过程而言,成就德性与成其德行并非彼此隔绝,我们固然可以在逻辑上对二者分别加以考察,但在现实性上,二者又统一于同一自我的在世过程。作为内在的人格,德性总是面临着如何确证自身的问题,所谓德性部类的自我确证,并不仅仅是一种精神上的受用,它更需要在德行中确证自身。王阳明以孝悌为例,对此作了阐释:当我们说某人懂得孝敬父母、尊重兄长时,并不是根据他讲过一些关于孝父母、尊兄长的话,而是根据他确实在行为中是依此而做(参见《传习录》上,《全集》,第4页)。懂得孝悌并且有孝悌的意向,无疑表现了善的德性,但这种德性又必须实际地体现于行孝行悌的过程:正是行孝行悌的德行,为主体是否真正具有孝悌的德性提供了外部确证。

德性的外部确证过程,同时也就是德性的外化过程。如果德性是真实的,那么它就总是既凝于内,又显于外。在解释格物致知时,王阳明亦兼及了德性体现于外的问题:"若鄙人所谓致知格物者,致吾心之良知于事事物物也。吾心之良知,即所谓天理也。致吾心良知之天理于事事物物,则事事物物皆得其理矣。"(《传习录》中)这里的事事物物,主要就道德之域而言,如人际之间的伦理关系等,格、致则皆涉及道德实践。与事事物物相对的良知,既以天理为内容,又融合于吾心,因而已可视为实有诸己的内在德性。所谓致吾心之良知于事事物物,也就是将道德意识运用于道德实践(化德性为德行),而事事物物皆得其理,则是内在的德性展示并体现于伦常世界。从心与理的关系看,这一过程表现为通过心的外化而建立理性化的道德秩序;就德性与德行的关系言,它则可以看作是德性通过德行而对象化于现实的伦理关系。

德性的外化或对象化并不是一种远离日用常行的过程,所谓推行(致)良知于事事物物,即已蕴含了德性的外化与日常生活世界的联系。化德性为德行不一定表现为惊天动地之举,相反,它更多地内在于细小而不起眼的所谓俗行。道德关系总是展开于社会生活的各个方面,而每一主体又往往处于某种既定的社会环境之中,这种环境常常并不是主体能任意选择的。这样,道德实践必然涉及如下二重关系,即环境的不可选择性与行为的可选择性,而德性的力量即在于:在既定的环境中,不断通过渗入日用常行而使行为获得新的意义,从而达到日用即道之境。

化德性为德行,主要侧重于以德行确证德性。德性与德行的关系当然不限于这一方面。德行属于广义的道德实践,它在王阳明那里常常被归入功夫之列;以实有诸己之良知为内容的德性,则被理解为本体。按王阳明的看法,本体原无内外,后者既指本体由功夫而展现,又意味着功夫不能离开本体。从德性与德行的关系看,功夫不离本体,即是指德行总是以德性为其内在的根据。主体在日常世界的所遭所遇常常并不相同,其所行所为也难以一一预设,但行为不管如何千差万别,都是出于同一自我。

德性作为内在的本体,往往以主体意识的形式呈现,不过,这种内在的意识结构不能混同于一般的意念。王阳明通过区分良知与意,对此作了解说。意在王阳明那里有不同层面的含义。在广义上,它与心相通;而在较狭的层面上,它则近于念,此处之意,是就后者言。意念作为应物而起者,带有自发和偶然的特点。所谓应物而起,也就是因境(对象)而生,随物而转,完全为外部对象所左右,缺乏内在的确定性。与意念不同，作为真实德性的良知并非偶然生成于某种外部境遇，也并不随对象的生灭而生灭。它乃是在行著习察的过程中凝化为内在的人格，因而具有专一恒定的品格。唯其恒常而内有主，故不仅非外物所能移，而且能自我立法，自我评价，并判定意念所涉之是非。

意念与良知之辨，旨在强调主体不能执着于某种外部境遇，而应着重于本体（德性）对功夫（德行）的统摄。对象世界林林总总，难以穷尽，人所处的境遇也往往变动不居，如果逐物而迁，滞泥于具体境遇或境遇中的偶言偶行，则往往不仅不胜纷劳，而且亦难以保持行为的一贯性。唯有立其本体，以德性（良知）为导向，才能使主体虽处不同境遇而始终保持善的追求。德性（良知）作为真诚的人格，表现了自我的内在统一，在此意义上，德性为"一"，所谓"只有此一个良知"即是就此而言；德行则是同一德性在不同社会关系与存在境遇中的多方面展现，故亦可视为"多"，这样，以德性（良知）统摄德行，亦可说是以一驭多。

德行作为德性在具体境遇中的多样展现，属于在不同场合中展开的行为，德性（良知）则是行为之纲。王阳明认为，从更内在的层面看，德性（良知）之于行为，则犹规矩之于方圆。以规矩尺度定方圆长短，具有衡量取舍之意。德性（良知）对行为、本体对功夫的制约，如同规矩尺度对方圆长短的衡量规范，也含有选择规定的意义：它总是肯定和鼓励合乎德性的行为，否定和拒斥与之不相容的行为。这种选择取舍既与良知内含的自我评价之维相应，又是其情感认同与志之定向功能的具体体现。德性正是通过这种内在机制以统摄不同境遇中的行为,并赋予不可预定之具体行为以内在的统一性。

从中国哲学的历史演进看,早期儒家已开始注意到德性对行为的制约作用。孔子(前551—前479)把成人(人格的培养)提到了十分重要的地位,以达到完美的人格之境为价值目标。这种人格既表现为内在的德性,又外化为具体的行为过程,而后者总是受到前者的范导。孔子说:"苟志于仁矣,无恶也。"(《论语·里仁》)志于仁,即追求并确立以仁道为内涵的人格,在孔子看来,一旦做到了这一点,那么,在日常行为中即可以避免不道德的趋向(无恶)。反之,如果缺乏这种稳定的人格,则往往很难一以贯之地保持行为的善。王阳明要求以本体制约功夫,以德性(良知)统摄具体行为,无疑上承了这一思路。如前所述,每一个体都是特定的历史存在,他所处的社会关系、所面对的环境往往各异,所从事的活动也常常变换不居,带有不可重复的特点。如何使不同境遇中的行为保持统一性或一贯性?逐一地为每种行为规定苛严的细则显然行不通,就道德领域而言,内在的德性和人格无疑有其不可忽视的作用。相对于行为的不可重复性与多变性,主体(行为者)的德性作为实有诸己的真诚人格,具有绵延的统一性(在时间中展开的统一),它使主体在各种境遇中都能保持道德的操守,并进而扬弃行为的偶然性。与孔子对仁和具体行为关系的界定一样,王阳明对本体和功夫、良知和具体行为关系的考察,似乎已有见于此。

不过，与知识和德性的区分相联系，王阳明在强调以德性统摄行为时，对知识在化德性为德行中的作用未能作出适当的定位。按王阳明之见，在知识与内在心体（德性）中，重要的是首先成就内在心体。王阳明由此进而认为"知识技能非所与论也"（《传习录》中，《全集》，第55页），即在德性的培养过程中，可以完全撇开知识的把握，这就又走向了另一极端。成就德性（心体）固然有别于成就知识，但不能因此将二者加以分隔。这不仅在于德性本身虽不限于知但又包含着知，而且在于从德性到德行的转换亦不能撇开知识技能。若仅有善的意向，而无必要的知识准备，则德性往往易流于良好的动机，难以向现实的德行过渡。从这方面看，王阳明对化德性为德行这一过程的理解，无疑又有其理论上的局限。

三、德性与规范

化德性为德行和以德性统摄德行，涉及的是德性与行为的关系。从道德实践看，行为往往还关联着当然之则或普遍规范。与德性内含人格意蕴不同，当然之则（规范）带有无人格的特点：它作为普遍律令而超越自我（个体）。在哲学史上，不同的哲学家对行为、德性、规范的关系往往作了不同的定位，并相应地形成了不同的伦理学思考方向。以此为参照，可以进一步把握王阳明德性论的深层内涵。

从理学的演变看,与心性之辨上提升性体相应,程朱一系的理学更为注重天理对行为的制约。天理既有其本体论意义,又是伦理学之域的普遍规范,在程朱看来,后一意义上的理即构成了道德行为所以可能的条件:"要须是穷理始得,见得这道理合用恁地,便自不得不恁地。"(《朱子语类》卷二二)合用凭地即应当如此。由穷理而不得不凭地,意味着道德实践即在于明其当然,依理而行。作为普遍的规范,理具有超验的性质:

> 说非礼勿视,自是天理付与自家双眼,不曾教自家视非礼,才视非礼,便不是天理;非礼勿听,自是天理付与自家双耳,不曾教自家听非礼,才听非礼,便不是天理。(《朱子语类》卷一一四)

"天理付与"也就是天之所命,在界定仁道规范时,朱熹更明确地点出了此意:"仁者,天之所以命我而不可不为之理也。"(《论语或问》,卷一)在此,作为行为者的我(自家)与作为普遍规范的天理,构成了相互对峙的二极,而我的行为则表现为对普遍规范的自觉服从。

作为天之所命,规范已不仅仅是一种当然,而且同时具有了必然的性质:所谓"不可不为",便已含有必须如此之意。事实上,朱熹确实试图融合当然与必然,从如下所论,便不难看到此种意向:"君臣、父子、夫妇、长幼、朋友之常,是皆必有当然之则,而自不容已,所谓理也。"(《大学或问》卷二)自不容已,表现为一种必然的趋势,将当然之则理解为自不容已之理,意味着以当然为必然。作为自不容已的外在命令,天理同时被赋予某种强制的性质:遵循天理并不是出于自我的自愿选择,而是不得不为之,所谓"孝悌者,天之所以命我而不能不然之事也"(同上书,卷一),即表明了此点。这种出于天之所命的行为,显然带有受制于他律的特点。

当然,在天之所命与自我的外在对峙之外,朱熹亦曾从另一角度讨论当然之则与自我的关系,在道心与人心说中,便可看到这一点。就表层而言,道心作为主体之中的理性之维,已取得了某种内在的形式,它对人心及行为的制约,也相应地似乎具有了主体"自律"的意义。不过,若作进一步的考察,便不难看到,朱熹所谓道心,并不是本真的自我,作为天理的内化,它更多地带有超我的性质:道心与人心之分,同时也表现了超验之理与个体存在的对峙。朱熹要求"必使道心常为一身之主,而人心每听命焉",意味着以内在化的普遍之理主宰人的行为选择;尽管规范的作用方式有内在与外在之别,但在肯定行为应出于普遍规范之命(外在的天之所命或内在的道心之命)这一点上,二者又似乎并无二致。

与朱熹所突出的天理及道心不同,作为德性的良知和个体存在无疑有着更为切近的联系。良知既内在于个体,又包含情意等维度,它在某种意义上已扬弃了超我的形式,而王阳明也正是着重从真实的自我(真吾)这一角度对其加以规定。良知与天理(道心)的这种不同规定,蕴含了对道德行为的不同理解。如前所述,天理与道心可以看作是两种不同形式的理性规范,要求行为出于普遍的理性规范,无疑注意到了道德行为应当是自觉的。这种看法避免了将道德实践混同于自发的冲动或感性的活动,并从一个方面凸现了道德的崇高性及其尊严。然而,规范作为普遍的律令,又带有超验的性质,仅仅强调以普遍规范"命"我,不仅无法避免道德实践的他律性,而且往往容易使行为趋于勉强而难以达到自然向善。事实上,在天之所命或道心之命的形式下,道德规范常常便成为一种强制性的律令,而出于规范则不免给人以服从异己律令之感。

较之超验天理的异己之命,作为德性的良知似乎更多地表现为主体的自我要求。良知固然也包含理性之维:良知的自我评价便未尝离开理性的权衡,但这种理性已与情意等相融合,成为实有诸己的存在。由天理或道心颁布命令,行为往往与自我相分离:主体之服从天理,并非出于自我的选择和要求。以良知引导自我,则意味着扬弃对行为的外在强制:出于良知并不是一种外在的命令,它与出于自我的意愿具有内在的一致性。

正是基于德性论,王阳明对行为的自愿性质予以了相当的关注,以为行其良知(依良知而行)的过程也就是一种求自慊的过程:

> 心得其宜之谓义。能致良知,则心得其宜矣,故集义亦只是致良知。君子之酬酢万变,当行则行,当止则止,当生则生,当死则死,斟酌调停,无非是致其良知,以求自慊而已。(《传习录》中,《全集》,第73页)

宜即应当,主要体现为一种理性的要求,"当行则行,当止则止",指行为应合乎理性的准则;"自慊"则是由于行为合乎主体意愿而产生的一种愉悦感和满足感,这种愉悦又称自快:"君子之学,求尽吾心焉尔。故其事亲也,求尽吾心之孝,而非以为孝也;事君也,求尽吾心之忠,而非以为忠也;……吾心有不尽焉,是谓自欺其心,心尽而后,吾之心始自以为快也。"(《题梦槎奇游诗卷》,《全集》,第924页)自快吾心既是意志的自我选择,也是情感的自我投契;以为孝、以为忠,则是仅仅以某种抽象的道德律令(如忠、孝)为依据,为"孝"而行、为"忠"而行。在王阳明看来,行为固然应当得其宜(合乎理性的原则),但不能仅仅将其归结为对外在规范的服从,完美的行为在于"得其宜"与"求自慊"的统一。

与肯定求自慊相应,王阳明对出于人为与出于自然作了区分:"出乎心体,非有所为而为之者,自然之谓也。"(《答舒国用》,《全集》,第190—191页)出乎心体亦即本于德性,有所为而为则是以规范约束行为,前者表现为内在德性的自然流露,后者则具有人为努力的特征。在王阳明看来,人为的努力固然不可尽废,但相对而言,自然是一种更高的行为之境:

> 为学工夫有浅深。初时若不着实用意去好善恶恶,如何能为善去恶?这着实用意便是诚意。然不知心之本体原无一物,一向着意去好善恶恶,便又多了这分意思,便不是廓然大公。《书》所谓无有作好作恶,方是本体。(《传习录》上,《全集》,第34页)

这里涉及两种境界,即"着实用意"与"无有作好作恶"。着实用意亦即有所为而为,它诚然不失为初步的入手工夫,但亦仅限于初步而已,执着于此,往往不免趋于有意矫饰,所谓"多了这分意思""不是廓然大公"便是就此而言。与着实用意相对,无有作好作恶则是出乎心体(德性)之自然,它既非勉强服从外在规范,亦非刻意矫饰,已近于从心所欲不逾矩之境。

王阳明对自然之境的推重,已颇有孔子"吾与点"之意。《论语·先进》曾记载了孔子与其弟子的一段对话。孔子令子路、曾点、冉有、公西华各言其志,子路等所言均涉及某种社会抱负,曾点之志则是:"莫春者,春服既成。冠者五六人,童子六七人,浴乎沂,风乎舞雩,咏而归。"孔子听后喟然叹曰:"吾与点也!"相对于子路等人的社会抱负而言,曾点所向往的,是一种自然的境界,何以孔子对曾点如此赞赏?王阳明的一些弟子对此感到无法理解。王阳明就这一问题向门人作了如下解释:"三子是有意必,有意必便偏着一边,能此未必能彼。曾点这意思却无意必。便是素其位而行,不愿乎其外,素夷狄行乎夷狄,素患难行乎患难,无入而不自得矣。"(《传习录》上,《全集》,第14页)意必亦即人为地执着,从而难免有勉强而行之嫌,无意必则是不思而为,不勉而中,由此即可达到无入而不自得。基于如上看法,王阳明进而对圣人之行作了规定:"在圣人分上便是自然的,在学者分上便是勉然的。"(《传习录》中,《全集》,第58页)质言之,自然与勉然,构成了圣凡二重境界。

完善的道德行为具有何种品格?如前所述,程朱一系的理学着重突出的是行为的自觉之维,所谓出于天理或道心,不外是自觉地服从理性的规范。亚里士多德则从行为者的角度,提出了德行应当具备的三个基本要素:"第一,他必须是有所知,自觉的;第二,他必须是有意识地选择行为的,而且是为了行为自身而选择的;第三,他必须在行动中,勉力地坚持到底。"(《尼各马科伦理学》,中国社会科学出版社,1990年,第30页)第一点体现了理性的要求,后两点则从不同方面涉及了意志的规定:选择表现为意志的自主或专一品格,勉力坚持则体现了意志的坚毅性或意志努力;以上两个方面综合起来,道德行为便表现为自觉与自愿的统一。仅仅肯定行为应出于理性之知,往往容易使理性规范变为外在强制,在程朱那里,我们已不难看到此种倾向。相对于程朱,亚里士多德要求将理性的自觉与意志的自愿结合起来,无疑展示了更为开阔的理论视域。①

不过,理性的权衡和意志的选择在某种意义上都是有意而为之。休谟曾区分了两种德性,即人为的德性(artificial virtue)与自然的德性(natural virtue)。人为的特点在于以思想或反省为媒介,亦即有所为而为;自然的特点则是"不经思想或反省的媒介"(参见《人性论》第三卷)。借用休谟的术语,似乎可以说,理性与意志的活动仍带有某种人为的性质。对规范的理性接受和服从,总是经过权衡思考而为之,同样,道德实践中的意志活动,也往往是勉力而为:

---

① 原始儒学在某种意义上亦已表现出与亚里士多德相近的思路。参见杨国荣:《善的历程——儒家价值体系的历史衍化及其现代转换》,上海人民出版社,1994年。

意志的选择在此意味着主体决定遵循某种规范,意志的努力则表现为自我在行为中坚定地去贯彻这种规范。在人为的形式下,理性对规范的自觉接受与意志对规范的自愿选择确乎有相通之处,也正是以此为前提,朱熹常常将自觉与自愿融合为一,甚而以自觉消解自愿。①

在理性的自觉接受与意志的自愿选择中,行为固然也可以取得自我决定的形式,但这种决定往往仍不免带有勉强的性质,而且如上所述,其所接受、所选择者,仍不外乎一般规范,因而它似乎也很难摆脱行为的他律性:自我的决定在某种意义上成了外在命令的转换形态(外在命令取得了自我命令的形式)。如何扬弃行为的他律性?在此显然应对行为的情感维度予以特别的关注。如果对现实的道德实践作一较为完整的分析,便可注意到,除了理性的权衡与意志的选择之外,具体的道德行为总是同时包含着情感认同。相对于理性接受与意志选择的人为倾向,情感认同更多地表现出自然的向度。休谟已对此作了反复的论述:"当我们断定恶和德的时候,我们也总是考虑情感的自然的和通常的势力。""我们的义务感永远遵循我们情感的普通的、自然的途径。"(《人性论》,商务印书

---

① 朱熹曾举例说:"且如今人被些子灯花落手,便说痛,到灼艾时,因甚不以为痛?只缘知道自家病,合当灼艾,出于情愿,自不以为痛也。"(《朱子语类》卷二二)知道合当如此,是一种理性的接受,出于情愿则属意志的自愿选择,二者都是人为之举,朱熹认为知道了合当如此,同时也就是出于情愿,显然在同一人为的形式下,将自愿纳入了自觉之中。

馆,1981年,第524页)即使在道德判断中,也同样渗入了情感之维:"当你断言任何行为或品格是恶的时候,你的意思只是说,由于你的天性的结构,你在思维那种行为的时候就发生一种责备的感觉或情绪。"(同上书,第509页)换言之,对善恶的情感回应,是一种出于天性的自然过程。休谟对情感的理解当然不免有其经验论的局限,但他肯定情感与自然的联系,却并非毫无所见。就道德行为而言,情感的认同确乎不同于人为的勉强,而具有自然的趋向;正如好好色、恶恶臭总是不假思勉一样,道德行为中的好善恶恶也并非有意为之。这种自然的趋向,使道德中的情感认同表现为自我的真诚要求:见善则内在之情自然契合(恰如好好色),见恶则内在之情自然拒斥(恰如恶恶臭),这里没有勉强的服从与人为的矫饰。完善的道德行为总是理性的判断、意志的选择、情感的认同之融合:如果说,理性的评判赋予行为以自觉的品格、意志的选择赋予行为以自愿的品格,那么,情感的认同则赋予行为以自然的品格。只有当行为不仅自觉自愿,而且同时又出乎自然,才能达到不思而为、不勉而中的境界,并使行为摆脱人为的强制而真正取得自律的形式。

王阳明以德性(良知)为行为的根据,在某种意义上已注意到人为与自然的统一。如前所述,作为德性的良知既包含理性的规定,又有其情意之维,出于德性(良知),亦相应地既表现为合乎理性的规定与意志的选择,又渗入了情感的认同。王阳明一再强调好善当如好好色,恶恶当如恶恶臭(参见《与黄勉之》,《全集》,第195页),其所重亦在道德行为中的情感认同。在王阳明看来,正是情感之维,赋予行为以自然的品格,而情感的认同,又本于良知(德性):"七情顺其自然之流行,皆是良知之用。"(《传习录》下,《全集》,第111页)这种看法,无疑已多少有见于完善的道德行为应当是自觉、自愿、自然的统一。

理性规范所体现的,更多的是一种普遍的理念,遵循理性规范,同时也就是贯彻和落实普遍的理念。就此而言,强调以一般规范制约个体行为,似乎具有某种理念伦理的特点。德性则总是具体化于自我的内在人格,而不同于抽象的理念,以德性为行为的根据,亦相应地呈现为一种德性伦理。从理学的演进看,程朱一系以天理为第一原理,要求行为自觉地遵循普遍之理,表现出明显的理念伦理趋向;王阳明以良知为本体,把道德实践(功夫)理解为一个化德性为德行的过程,则蕴含了德性伦理的向度。从程朱到王阳明,逻辑地展开为由理念伦理到德性伦理的转换。

第五讲

群己之辨

一、成就自我

二、人我之间

三、无我说

一、成就自我

德性作为主体的内在品格,以自我为承担者:成就德性逻辑地指向成就自我。由德性伦理,王阳明引出了其成己之说。但自我又并非仅仅封闭于内,个体的存在总是蕴含着与他人的共在,由此便发生了主体之间及自我与群体的关系。王阳明将万物一体说引入群己关系之域,以此定位自我与群体、存在与共在的关系,其思路包含多重理论意蕴。

自先秦开始,儒家便逐渐形成了为己之学。孔子已对为己与为人作了区分,所谓为己,即自我的完善或实现,为人则是迎合他人以获得外在的赞誉,以为己否定为人,意味着将注重之点指向成就自我。在《大学》的"壹是以修身为本"、《中庸》的成己而成物之说以及儒学的尔后演进中,为己之学得到了进一步的展开。

王阳明以成就德性立论,对儒家的如上传统很自然地形成了理论上的认同。与原始儒家一样,王阳明十分注重确立"为己之心",并以此作为出发点,这里所谓"为己",主要也是指自我的充实与提高。从心学的内在结构看,为己可以视为成就德性的逻辑引申,其最终的目标则是成己:"人须有为己之心,方能克己,能克己,方能成己。"(《传习录》上,《全集》,第 35 页)克己是对自我的抑制,王阳明以成己为过程的终点,把克己理解为成己的手段,意味着道德修养绝不是对自我的否定,毋宁说,它更是一个自我造就的过程。对自我的这种确认,同时也体现了对个体存在的关注。它在理论上与心体的提升又有其内在的联系。

　　成己以立志为前提。在王阳明那里,志本是德性的内在规定。作为德性的规定,志不同于偶然的意念,而表现为一种稳定的意向。在稳定的意向这一层面,志又与价值目标(志向)相通:立志即意味着价值目标的自我确立。从具体内涵看,以志的形式表现出来的价值目标则不外乎圣,成己总是指向成圣,而达到内圣之境首先必须立志为圣:"务要立个必为圣人之心。"(《传习录》下)通过立志而确立价值目标,自我才能真正由迎合于外转向挺立自我,而为己、克己、成己的过程也可由此获得内在的依归。

　　通过立志以超越世俗的沉沦,体现了内在人格的力量,这种人格的外在形式,即是所谓豪杰。王阳明对豪杰之士极为推重,以为只有豪杰才表现了人格的独立性,它使自我虽处绝学之世,却依然保持真诚的德性和内在的操守:"绝学之余,求道者少。一齐众楚,最易摇夺。自非豪杰,鲜有卓然不变者。"(《全集》,第 144 页)一齐众楚,是指在楚地而为楚所化,至齐地而为齐所移。身处世俗之中,往往容易被环境所同化(至齐而为齐、至楚而为楚),唯有立志为圣的豪杰,才能为所依傍,抗拒沉沦,始终不渝地走向既定的价值目标。

卓然不变的豪杰之士往往带有某种狂者气象,故又称"狂者",王阳明本人即常常以"狂者"自命。狂者崇尚真实,自信本心,没有任何矫饰,亦不为外在的毁誉所左右。他不仅拒绝迎合他人、随波逐流,而且敢于向世俗挑战:"丈夫落落掀天地,岂顾束缚如穷囚!"(《全集》,第 784 页)这种掀翻天地、冲破束缚的狂者(大丈夫),已具有顶天立地的气概,它可以看作是对独立人格的形象描绘。

当然,狂者或豪杰并不是终极意义上的人格境界,志所指向的终极目标是圣而非狂。不过,狂者气象虽然非成己过程的终点,但却可以成为走向内圣之境的逻辑中介:在王阳明看来,狂者向前迈进一步,便可进入圣人之境。自我在世,往往面对追名逐利的现实,狂者的特点在于身处此境,仍然以崇高的志向自洁其身,超拔于世,不为世俗所同化。正是在拒斥与超越日常沉沦的过程中,狂者不断地走向圣人之境,所谓"一克念,即圣人矣",便是就此而言。对狂者之境的如上提升,同时亦蕴含着对个体自主品格的注重:卓然自立构成了成圣的内在环节。

超越世俗的影响的前提是确认每人都有成圣的内在本原:"不信自家原具足,请君随事反身观。"(《全集》,第 790 页)这种自足的本原即构成了成就自我的内在潜能。圣人的境界并不是出于外在强加,也非形成于忘己逐物的过程,它更多地与内在潜能的展开过程相联系。儒家自先秦开始,已注意到成人(成就理想人格)的内在根据问题,孔子提出"性相近,习相远"之说,认为相近之性为成人提供了可能,孟子进而将性相近转换为性本善,并以本善之性为达到内圣之境的出发点(端)。王阳明的如上看法无疑上承了原始儒家的成人学说。如果说,豪杰气概和狂者胸次着重从个体存在与世俗世界的关系上挺立自我,那么,肯定自家具足,各有自性,则进而为自我的挺立提供了内在的根据。

个体不仅自有成圣的根据,而且其才质也并不完全相同。以自性为成圣的内在根据,同时也意味着按各人的具体个性特点来引导培养。王阳明将这一原则概括为:"人要随才成就。"(《传习录》上,《全集》,第21页)个性不同,成人的方式、途径亦往往各异。与成人方式的多样性相一致的,是人格模式的多样性。个性的差异,决定了人格模式很难整齐划一,如果以同一模式强加于人,则难免抑制乃至束缚人的个性。王阳明对个体才质的这种注重,显然不同于朱熹仅仅以一般的天理要求人。

人格的具体性既展开为多样的形象,也有其内在的维度,后者常常以个体的独立思考为表现形式。如前所述,在王阳明看来,真实的德性之中,总是内含自我评判的规定,而自我评判则往往包含着独立思考的要求。从成己的角度看,立志成圣,超越沉沦,也意味着不为外在的意见、观点所左右。王阳明对求之于心与求之于外作了区分,认为"夫学贵得之于心"。如果通过思考判定其为错误,则即使是孔子所说的,也不能接受;如果通过思考而断定某一论点是正确的,则即使它是出自寻常人之口,也不能加以拒斥(《传习录》中)。这里涉及盲目崇尚权威与自我思考两种思维方式,而在这二者之中,后者无疑被提到了更重要的层面。尽管这里并无扫荡传统权威之意,但其中确实又体现了无所依傍的人格追求。

自我当然并不仅仅表现为一种人格境界,它总是具体化为现实的生命存在,王阳明曾言简意赅地点出了此意:"真己何曾离着躯壳。"(《传习录》上,《全集》,第35页)所谓躯壳,也就是以感性形体为表征的生命存在。本真之我固然不能等同于感性层面的形体(王阳明一再强调以良知等形式表现出来的真吾对形体的制约),但也非游离于感性生命。正是基于这一前提,王阳明提出了"毋绝尔生"的要求,它的内在含义即是应当珍惜自己的生命。自我身处社会之中,总是面临各种道德责任和义务,但不能因此而无视个体生命的价值:尽道德义务不应导向否定个体的生命存在。

王阳明的如上看法,与程朱一系的正统理学似乎有所不同。相应于性体的提升,程朱更多地倾向于强化人的理性本质,而在这种思维定势下,个体生命存在的价值往往难以得到合理定位。从所谓失节与饿死之辨中,便不难看出这一点:"然饿死事极小,失节事极大。"(《河南程氏遗书》卷二二[下])如前所述,守节是对天理(形而上的类本质)的维护,生死则涉及个体的生命存在。在以上律令中,相对于天理的要求,个体的存在已变得完全无足轻重:极小与极大之分背后所蕴含的,绝非仅仅是男尊女卑的观念,毋宁说,它的真正内涵乃是对个体生命存在的某种漠视。较之程朱的这一立场,王阳明肯定真己不离躯壳,并要求"毋绝尔生",在化解理性本质与生命存在的过度紧张上,无疑有其理论意义。

从成就德性到成就自我,理论上的如上推展始终关联着心体与性体之辨。与性体更多地凸现普遍性原则不同,心体同时蕴含着个体性的原则,后者既体现于主体的内在德性,亦展开于作为具体存在的"我"。从性体出发,关注的重心总是首先指向类的本质与普遍的规范,以心体为根据,则难以回避个体存在。就此而言,王阳明的成己说亦可视为其心学的逻辑展开。

二、人我之间

以成就自我为价值目标,并不意味着导向自我中心。如前所述,在王阳明那里,成己与成圣具有内涵上的一致性,而内圣则总是拒斥自我的封闭化。就理论的内在逻辑而言,作为成己之说根据的心体,既包含着个体性的规定,又有其普遍性的维度,后者亦制约着成己说的理论走向。事实上,当王阳明以为己否定为人时,他所拒斥的是自我在道德上的沉沦,而不是自我与他人的共在。作为德性的具体化,自我同时亦表现为一种开放的主体。

万物一体是王阳明的一个基本信念。在其文著中,我们可以一再看到这一类的论述:"仁者以天地万物为一体。"(《传习录》上,《全集》,第 25 页)作为涵盖面相当广的哲学命题,万物一体既指向天人之际,亦涉及人我之间。从天人关系看,万物一体意味着人与自然的统一;就群己关系而言,万物一体则以主体与主体的相互沟通为内涵。万物一体的观念当然并非王阳明第一次提出,张载、程朱等已有类似的看法,不过,王阳明进一步将其理解为主体之间交往的一种原则。

个体作为社会的存在,总是与他人处于同一社会空间,形成共在的关系。这种共在首先展开于日常的生活世界(日用常行)之中,而日常的生活世界无疑又有其世俗的一面。因此,仅仅认同日常的世界,不免容易趋于世俗化。王阳明要求通过立志成圣而挺立自我,显然亦有超越世俗化之意。然而,如果因为日常世界的世俗维度而将共在本身归结为沉沦,则往往会走向封闭的我。在现代存在主义那里,便不难看到这一趋向。存在主义固然注意到自我与他人的共在是一种本体论的事实,但又将共在中的我视为沉沦的我,而以烦、畏、焦虑等内在的体验为本真之我的存在方式,这种看法事实上将超越世俗导向了逃避共在。就自我与他人的共在而言,超越世俗以挺立自我,主要从消极的方面表现了自我的取向(事实上,这种超越也并非以逃避共在为形式,所谓极高明而道中庸,即表明了此点),从积极的方面看,自我又应以宽广的胸怀面对他人,通过对人的真诚关心与友爱而赋予主体间关系以仁道的意义。王阳明在推重卓然自立的狂者胸次的同时,又以万物一体的仁者精神为主体间交往的原则,无疑表现了统一以上两个方面的趋向。

如何建立合理的主体间关系,是中西哲学家很早就开始关注的问题。相对而言,西方哲学家较多地考察了正义的原则。按亚里士多德的理解,正义意味着每一个体都得其应得者。从正面看,得其应得也就是实现个体所具有的权利,其内核是对权利的普遍尊重和确认。这种原则体现于主体间关系,则既表现为主体对自身权利的肯定,又展开为交往双方对彼此权利的相互尊重。正义原则总是涉及利益的公正分配,并相应地关联着现实的福祉。从古希腊到现代,西方哲学始终极为注重正义的原则。这种原则对建立合理的主体间关系诚然不可或缺,但个体的权利及与此相关的利益若过度强化,也容易引致社会成员之间的疏离甚至冲突。王阳明也注意到了过分关注个人利益之弊,并将一味追求个体私利视为尔我相分、骨肉相残的根源。这固然有忽视个体权利的一面,但同时亦无疑有见于以利益计较为交往原则所蕴含的消极后果。

与出于利益计较相对,王阳明更注重主体间的情感沟通。在他看来,人作为天地之心(万物之灵),应当具有普遍的仁爱与同情感,这种同情心,可以使人超越人与我之分,走向主体间的统一。在此意义上,仁爱恻隐之心即构成了打通主体间关系的心理情感基础。王阳明确信,如果每一个体都能推己及人,由近而远,将恻隐亲仁之情普遍地运用于天下之人,那么,便可逐渐实现万物一体的理想。

王阳明把恻隐同情之心视为达到万物一体的保证,认为通过亲亲仁爱之情的推而广之便可消除人我之隔,无疑过于乐观,而且亦未免把问题简单化了。主体间的关系并不仅仅涉及心理情感,与之相关的更有广义的社会结构、制度,以及交往过程的形式化的程序等。不过,王阳明以上所论仍有其值得注意之点:当王阳明将仁爱恻隐之心理解为主体间沟通的心理情感基础时,其内在的意向即是要求以仁道作为主体间交往的原则。从一般的理论层面看,仁道原则的基本精神在于尊重和确认每一主体的内在价值,它既肯定主体自我实现的意愿,又要求主体间真诚地承认彼此的存在意义。孔子以爱人规定仁,孟子以恻隐之心为仁之端等,无不表现了对主体内在价值的注重。这里不仅蕴含着人是目的的理性前提,而且渗入了主体间的情感认同。主体间的交往当然离不开语言层面的对话,但单纯的语言交流往往只能使人明其意义并相互理解,而基于仁道的情感认同则常能使人进一步得其意味,并达到相互沟通。总之,仁道的原则既要求主体关注自身的存在意义,又要求通过主体间存在价值的相互确认而走出自我、打通人己。王阳明将仁爱恻隐之心作为实现万物一体的内在保证,固然有其抽象的一面,但同时亦似乎多少有见于仁道原则在主体间交往过程中的规范作用;它对于抑制以利益计较为交往原则的趋向,无疑有不可忽视的理论意义。

以仁道精神为交往的原则,要求主体间的相互尊重。《传习录》下中曾记载了王阳明与其门人若干耐人寻味的对话:一天,王阳明的一位学生外出回来,对王阳明说,我今天发现一件不寻常的事。王阳明问:有什么不寻常?学生答道,我看见满街都是圣人。王阳明听后便说:"此亦常事耳,何足为异?"(《传习录》下,《全集》,第11

页)初看,这种问答似乎颇近于禅宗的机锋,但事实上其中却另有寓意。所谓满街都是圣人,当然并不是说日常所遇的任何人均已达到了理想的人格之境,它的内在含义是:社会共同体中的每一主体,都属应当加以尊重的对象。从逻辑上说,既然满街都是圣人,那么,在交往过程中,自我就不能有一种道德上的优越感,以居高临下的态度对待他人:"你们拿一个圣人去与人讲学,人见圣人来,都怕走了,如何讲得行?"(同上书)人都怕走,表现了一种心理上的距离,它所导向的,是人己之分;唯有视人皆若圣人,并以这样的平等之心对待他人,才能消除主体间的心理距离,达到彼此的沟通。

以万物一体为总的论纲,王阳明对自我与群体、主体之间的关系作了多方面的规定,其着重之点是克服人己的分离,走向主体间的沟通。在万物一体的形式下讨论主体间关系,当然不免有思辨的色彩,但从王阳明哲学的内在结构看,它又构成了其体系不可或缺的一个方面。如前所论,王阳明以心体立说,以心建构意义世界,又将心具体化为德性而统摄行为,心体的这种提升与为己之说相结合,在逻辑上蕴含着导向个体原则过度强化的可能,万物一体论对抑制这种演化方向,无疑有其理论上的意义。当然,由万物一体说而展开的主体间关系论,尽管涉及了如何化解人己之间的紧张的问题,并对合理的交往原则作了有价值的考察,但亦表现出过多地从整体之维规定人我关系的倾向,它在理论上潜含了导向无我说的契机。

三、无我说

从成己到万物一体,表现为一个由主体走向主体间的过程。如前所述,按王阳明之见,主体间分离、冲突的根源在于有私,打通主体间关系既要以人道原则等来担保,又离不开去私的过程。这样,人我之辨往往与公私之辨联系在一起。王阳明很注重公私之辨:"毫厘何所辨?唯在公与私。"(《赴谪诗五十五首》,《全集》,第680页)在这方面,王阳明无疑又体现了理学共同的价值取向。

从形而上的层面看,公私之辨的基本精神在于确认普遍性的原则,而其内在的根据则蕴含于良知说之中。在王阳明那里,良知既具有个体性的规定,又包含着普遍的内容,唯其有普遍性的一面,故致其良知,便能公是非,同好恶,并达到万物一体:

> 良知之在人心,无间于圣愚,天下古今之所同也。世之君子唯务致其良知,则自能公是非,同好恶,视人犹己,视国犹家,而以天地万物为一体。(《答聂文蔚》,《全集》,第79页)

天下古今之所同,突出的是良知超越特殊时空的普遍性品格,也正是这一点,决定了从良知出发,可以由己及人(视人若己),从主体走向主体间。

良知的普遍性也体现了其公共性的一面,这种公共性非个体所能损益:"天命之性,粹然至善,其灵昭不昧者,皆其至善之发见,是皆明德之本体，而所谓良知者也。至善之发见，是而是焉，非而非焉，固吾心天然自有之则，而不容有所拟议加损于其间也。有所拟议加损于其间，则是私意小智，而非至善之谓矣。"（《亲民堂记》，《全集》，第251页）拟议加损属个体意见，良知的普遍内容总是超越于个体意见，试图以个体意见对良知加以损益，便将导向"私"。公私之辨在此即表现为良知的普遍内容与个体意见的对峙，而对私意小智的批评，亦相应地体现了对普遍性原则的维护。

与批评私意小智相联系，王阳明对当时人出己见、纷然立说的现象亦颇有微词："世之儒者，各就其一偏之见，而又饰之以比拟仿像之功，文之以章句假借之训，其为习熟既足以自信，而条目又足以自安，此其所以诳己诳人，终身没溺而不悟焉耳。"（《寄邹谦之》，《全集》，第206页）离开良知所内含的普遍义理而标立异说，便难免陷于片面性（一偏之见），这种批评无疑具有认识论的意义。不过，王阳明此处所着重的主要并不是认识论，其关注之点仍在公私之辨："后世学术之不明，非为后人聪明识见之不及古人，大抵多由胜心为患，不能取善相下。明知其说之已是矣，而又务为一说以高之，是以其说愈多而惑人愈甚。凡今学术之不明，使后学无所适从，徒以致人之多言者，皆吾党自相求胜之罪也。今良知之说，已将学问头脑说得十分下落，只是各去胜心，务在共明此学，随人分限，以此循循善诱之，自当各有所至。若只要自立门户，外假卫道之名，而内行求胜之实，不顾正学之因此而益荒，人心之因此而愈惑，党同伐异，覆短争长，而唯以成其自私自利之谋，仁者之心有所不忍也。"（同上书,第207页)这一大段议论,纵横辩说,而其中心之意则是:否定自私自利之谋。

从理论上看,反对以一己之见衡定是非,肯定是非准则应当具有普遍性的品格,无疑具有抑制相对主义的意义。不过,王阳明对人出己见、异说相争的批评,同时亦蕴含着另一重倾向。学说的发展,义理的辨析,总是离不开不同意见的争论。每一种意见、观点往往各有所见,亦各有其片面性,唯有通过意见之间的交锋辩难,它们各自的所见才能逐渐被确认,其所蔽也才能不断被克服。如果一开始便把某种观点宣布为唯一的真理,而将与之相异的看法都视为一偏之见,那就很难避免独断论。王阳明断言良知说已将学问头脑说得十分下落,并认为当时出现的不同意见均为私意小智、一偏之见,确实表现出某种独断论的倾向。如上思维行程也表明,尽管王阳明以内在的良知转换了超越的天理,但与赋予良知以二重性相应,王阳明不仅未完全放弃普遍性的原则,而且将其置于重要的地位。

当然,在王阳明那里,公私之辨并不限于良知与意见之分,普遍性的原则也非仅仅展开于义理的辨析,就更广的意义而言,二者同时包含着具体的社会内容。从后一维度看,公或普遍性首先表现为个体对社会的责任意识及责任关系。如前所述,王阳明很注重个体的社会责任,其万物一体说已包含着内在的责任意识;在对豪杰之士的规定中,同样表现了这一点。他将豪杰之士视为独立人格的象征,而这种豪杰之士同时又被规定为以圣贤之道自任的自我:"故居今之世,非有豪杰独立之士的见性分之不容已,毅然以圣贤之道自任者,莫之从而求师也。"(《答储柴墟》,《全集》,第 814 页)性分是由人的本质所规定的责任,圣贤之道则表现为一种广义的社会理想,"的见性分之不容已"与以圣贤之道自任相结合,意味着自觉地履行个体所承担的社会责任。

正是基于以上前提,王阳明一再对佛教提出了批评。在他看来,佛教的特点在于外人伦、遗物理,而体现于其中的,则是一种自私自利的价值取向:

> 夫禅之学与圣人之学,皆求尽其心也,亦相去毫厘耳。圣人之求尽其心也,以天地万物为一体也。吾之父子亲矣,而天下有未亲者焉,吾心未尽也;吾之君臣义矣,而天下有未义者焉,吾心未尽也;吾之夫妇别矣,长幼序矣,朋友信矣,而天下有未别、未序、未信者焉,吾心未尽也。……禅之学非不以心为说,然其意以为是达道也者,固吾之心也,吾唯不昧吾心有其中则亦已矣,而亦岂必屑屑于其外;其外有未当也,则亦岂必屑屑于其中。斯亦其所谓尽心者矣,而不知已陷于自私自利之偏。是以外人伦,遗事物,以之独善或能之,而要之不可以治家国天下。盖圣人之学无人己,无内外,一天地万物以为心;而禅之学起于自私自利,而未免于内外之分,斯其所以为异也。(《重修山阴县学记》,《全集》,第 257 页)

问题又一次引向了公私之辨。不过,此所谓公私,涉及的首先是个体的社会责任。儒家将承担各种形式的社会责任视为性分之不容已,体现了成己而成物的群体关怀;佛家则处处逃避社会责任,不免陷于自私自利。二者的如上区分,又与人己之辨相联系:前者以人己为一体,后者则执着于人己之别。

群己关系是儒家反复辨析的问题。从先秦开始,早期儒家便已关注于此。孔子提出"修己以安人"之说,修己是成就自我,安人则指向社会群体(群体价值的实现),以安人为修己的归宿,体现了对群体认同及个体社会责任的注重。儒家的经典之一《大学》沿此思路,对修齐治平的关系作了更具体的规定:"身修而后家齐,家齐而后国治,国治而后天下平。"在这里,出发点是自我的完善,整个过程所要达到的目标则是群体价值的实现(国治天下平),后者构成了个体应当承担的社会责任。随着儒学的演进,注重群体认同逐渐成为儒家的一种思维定势,在王阳明的如上所论中,我们同样可以看到这种思维定势的影响。从群己关系看,肯定个体所承担的社会责任、要求认同群体价值,无疑有助于抑制和避免自我中心的价值取向。王阳明批评佛禅外人伦、遗事物,其意义显然亦不限于儒佛之争(以儒家的群体原则否定佛教之忽视自我的社会义务):在更广的意义上,它可看作是对自我中心价值原则的拒斥。

然而,由批评佛禅的外人伦,王阳明又不免过分地强化了个体的社会责任。在谈到君臣、身国关系时,王阳明已明显地流露出此种倾向:"夫人臣之事君也,杀其身而苟利于国,灭其族而有裨于上,皆甘心焉,岂以侥幸之私、毁誉之末而足以挠乱其志者。"(《奏报田州思恩平复疏》,《全集》,第474页)此处之"国",可以视为社会整体的象征,君则是这种整体的体现者。在这里,群己关系即展开为个人与整体的关系,而个人对社会的责任,则表现为自我对整体的绝对服从:为了"利于国""裨于上",自我必须无条件地抛弃一切,即使杀身灭族亦应毫无所憾。不难看出,在这种关系中,整体似乎已被赋予某种抽象的形式:它与君主融合为一而又超越于个体,作为自我的个体则掩没于普遍的社会义务之中。

与群体抽象化为超验的整体,以及要求个体绝对从属于此整体相应,王阳明提出了无我之说:

> 圣人之学,以无我为本,而勇以成之。(《别方叔贤》,《全集》,第232页)

从为学的角度看,无我所重在于不执着一己之见,这一意义上的无我,近于孔子所说的"毋意、毋必、毋固、毋我"(《论语·子罕》)。就群己、人我关系而言,无我则既要求自我从封闭走向开放,又含有以群体认同涵盖自我认同之意。这当然并不意味着放弃为己,但相应于群体认同的强化,为己亦非隔绝于无我:"君子之学,为己之学也。为己故必克己,克己则无己。无己者,无我也。"(《书王嘉秀请益卷》,《全集》,第272页)将无己规定为为己之学的题中之义,固然避免了将为己理解为以自我为中心,但为己与无己的这种沟通,亦易使自我失去其具体的规定:通过克己、无己而达到的"我",其现实性的品格无疑已被弱化。

主体间的联系不能离开具体、现实的个体。人的本质当然唯有在社会的联系中才能得到具体的体现,但这种联系本身又必须落实于具体的个体。马克思曾说:"因为人的本质是人的真正的社会联系,所以人在积极实现自己本质的过程中创造、生产人的社会联系、社会本质。而社会本质不是一种同单个人相对立的抽象的、一般的力量,而是每个人的本质,是他自己的活动,他自己的生活,……是个人在积极实现其存在时的产物。"(《詹姆士·穆勒〈政治经济学原理〉一书摘要》,载《1844年经济学哲学手稿》,人民出版社,1985年,第159—160页)尽管王阳明以良知转换超验天理,同时亦肯定了自我的个体性品格,但在从社会关系的层面对个体与群体加以规定时,却不免多少将二者抽象化了:在无我的形式下,不仅群体成为某种超然于个体的一般力量,而且个体本身也似乎难以实现其具体的存在。

前文已论及,心体的挺立,意味着扬弃超验之理对个体的外在强制,但它也为个体性原则的片面膨胀提供了某种可能。从化良知为德性到为己成己说,着重展开的主要是个体性的一面,而万物一体说则通过由主体到主体间的转换,抑制了从成就自我向自我中心的衍化。后者同时亦上接了传统的群己之辨。万物一体说与儒佛之辨及儒家群体关怀的传统相融合,使注重个体社会责任的群体原则得到了提升,而后者又进一步导向了无我说。王阳明的如上思维行程既呈现了其内在的逻辑关联,又表明对思辨的心学来说,人我、群己的合理定位依然是一个理论的难题。

第六讲

致良知

一、良知与致良知
二、本体与工夫

王阳明曾说:"吾平生讲学,只是致良知三字。"致良知构成了王阳明心学的重要论题。致良知说的思想渊源可以上溯到《大学》一系。《大学》有正心、诚意、格物、致知之说,致良知的提法,无疑受到了其影响。当然,对所谓"致",王阳明又有自己的理解。大体而言,在王阳明那里,致良知之"致"包括二重含义。首先是"至",亦即达到,它并不意味着经验知识的增加,而是以内在良知的自觉意识为目标(详见后文)。致的另一含义是"做"或推行,王阳明本人对此亦有更为明确的概括:"决而行之者,致知之谓也。"(《书朱守乾卷》《全集》,第277页)这一意义上的致良知,已与知行之辨相融合,其理论意蕴,将在讨论知行之辨时再作具体考察。

一、良知与致良知

王阳明认为,每一个体都有成圣的可能,而要使这种可能成为现实，便必须达到对良知的自觉意识。王阳明对良知的本然状态与明觉状态作了区分，前者带有自在的性质，后者则是对良知的自觉意识。当良知对主体来说还处于本然状态时，主体往往表现为一种自在的存在；从本然走向明觉，以"致"为其中介。

如前所述，良知作为内在的道德意识与理性原则，具有先天的性质，这种先天性首先是就其起源而言：良知的形成先于一切经验活动。但先天地形成并不意味着先天地达到明觉，良知作为理性的原则固然是先天的（在王阳明看来，正是这种先天性决定了其普遍性），但其作用却并不能完全离开后天的致知活动。正是在此意义上，王阳明认为："人孰无是良知乎？独有不能致之耳。"（《书朱守乾卷》，《全集》，第279页）并一再批评当时人们将"致"字看得太易。对"致"的这种强调，在逻辑上即以先天的原则与后天的明觉之区分为其前提。

可以看到，按王阳明的理解，良知的先天性固然担保了良知的普遍有效性，但却无法担保主体对良知的自觉意识。先天与明觉的这种区分，无疑有其理论上的意义。从逻辑上看，先天的完成往往意味着对主体作用的某种限制：作为天之所赋，良知的形成并非出于主体的学习与思考。然而，如果先天之知最初只具有本然的性质，唯有通过致知过程才能提升为明觉之知，那么，主体的学习与思考便成为无法跳跃的环节。王阳明正是以此为前提，对致良知的过程作了具有认识论意义的考察。

良知尽管具有先天的性质，但致良知作为一个过程，却无法完全离开后天的经验活动与理性活动。就良知与见闻的关系而言，主体唯有在耳濡目染的日用常行中，才能逐渐产生对良知的认同感并有较为真切的理解。同样，理性的思维，也是体悟良知的必要环节：只有通过精思，对良知的理解才能由模糊粗浅走向明晰深入："千思万虑，只是要致良知。良知愈思愈精明，若不精思，漫然随事应去，良知便粗了。"(《传习录》下，《全集》，第110页)不过，在王阳明看来，经验与理性诚然为自觉地把握先天本体所不可或缺，但其活动本身又离不开良知。从过程的观点看，一定阶段上所达到(自觉体悟)的良知，转过来又构成了进一步体察的前提。

按王阳明的理解，良知往往赋予致知过程以统一性。这种作用，王阳明称之为主一。主一并不是沉溺于某种个人的偏好，而是始终以良知之中内含的理性原则为追求的目标，并把致知活动的各个方面都置于这一总的目标之下。质言之，良知作为致知过程的既定目标而范导着整个致知过程；正是这一目标，把考察具体条理节目的各个致知环节联系起来。在王阳明看来，一旦离开了先验之知的这种范导作用，就不可避免地将陷于"支离"。这里所说的支离，即停留于各个枝节的方面，而未能进而将它们综合起来，形成统一的道德意识。在这里，吾心之良知成为统一的道德观念所以可能的逻辑前提。

在致良知的如上展开过程中，一方面，先天的良知唯有通过致知过程才能为主体所自觉把握，另一方面，致知过程本身又受到良知的制约；"知"与"致"彼此作用，互为前提，呈现为一种动态的统一关系。正是在由知到致，又由致到知的反复进展中，先天的良知逐渐由本然的形态转换为明觉之知。

综合起来看，就"至"(达到、实现)这一侧面而言，致良知既表现为从先天的道德本原走向现实的德性，又意味着化本然之知为明觉之知(不断达到对良知的自觉意识)。良知虽由天之所赋而内在于人心，但如果仅仅停留在这种自在的形态，则"虽曰知而犹不知"(《大学问》)，唯有通过"致"，才能真正使之实有诸己。王阳明对良知与致良知关系的如上规定，表现了统一先天之知与后天之致的思路。从儒学的演进看，知致的这种统一可以视为孟子的良知说与《大学》的致知说的某种融合，就其心学的内在结构看，它又构成了本体与工夫论的逻辑前提。

二、本体与工夫

在王阳明那里，良知一开始便被赋予精神本体的意义，致良知则表现为后天的工夫，良知与致良知的关系，逻辑地展开为本体与工夫之辨。与统一良知和致知的思路相应，王阳明更多地注意本体与工夫的统一。

良知作为本体首先表现为先天之知，这种先天意义上知，往往具有逻辑设定的意味。王阳明说："人心之无不知，犹水之无不就下也。"(《书朱守谐卷》，《全集》，第277页)就物理现象而言，水之就下，固然首先是一种时空中展开的必然性，但从命题形式看，"水无不就下"同时似乎又被理解为一个分析命题："水"这一主词在逻辑上已蕴含了无不就下之意。同样，"人心无不知"，亦被赋予分析命题的形式："知"并非由后天的经验综合而形成。尽管这种界定和推论在逻辑上的合法性颇成问题，但在王阳明的心学中，它却被用来说明心与知之间的逻辑关系。事实上，当王阳明以先天性来担保良知的普遍必然性时，其思路亦明显地关联着逻辑的考虑：后天的经验总是与特殊的人伦相联系，道德原则的作用固然离不开经验活动，但其普遍有效性在逻辑上唯有来自先天之知。同样，就人的内在规定而言，凡是人，都有天赋的良知；即使愚不肖者，"虽其蔽昧之极，良知又未尝不存也"（《书魏师孟卷》，《全集》，第 280 页）。在此，良知即构成了人之为人的先天条件，并相应地成为人区别于其他存在的逻辑标准：唯有具有先天的良知，才能归入人这一"类"，而从另一方面看，只要属于人这一"类"，良知便是其必然具有的规定。

然而，逻辑上的先天性，与本体的现实作用并不彼此等同。从主体的体认看，良知虽天赋予主体，但在致知过程展开之前，这种良知并未为主体所自觉认识。就良知自身的存在而言，其来源固然是先天的，但离开后天的感应过程，它亦只是一种寂然不动的本体："人之本体常常是寂然不动的，常常是感而遂通的。未应不是先，已应不是后。"（《传习录》下，《全集》，第 122 页）"感"和"应"可以视为后天的工夫，"通"则既是内容的展开过程，又是现实的作用过程。良知诚然在逻辑上先天而有，但其内容和作用唯有通过后天的感应

（工夫）才能得到展示,在这一意义上,逻辑上的先天性亦似乎表现为某种逻辑上的可能;这种可能只有在工夫的展开过程中才逐渐获得现实性的品格。正是在此意义上,王阳明强调:"心何尝有内外?""人须在事上磨练做功夫,乃有益。"(同上书,第92页)此所谓心无内外,亦即前文提及的本体无内外,而本体无内外的具体意谓,则是本体应落实于工夫。

本体与工夫的如上关系,在王阳明与其高足王畿(汝中)(1498—1583)的严滩之辩中得到了更深入的阐发。钱德洪在《传习录》(下)里记载了这一段重要的论辩:

> 先生起行征思田,德洪与汝中追送严滩。汝中举佛家实相幻相之说。先生曰:"有心俱是实,无心俱是幻;无心俱是实,有心俱是幻。"汝中曰:"有心俱是实,无心俱是幻,是本体上说工夫;无心俱是实,有心俱是幻,是工夫上说本体。"先生然其言。洪于是时尚未了达,数年用功,始信本体工夫合一。(《全集》,第124页)

征思田次年,王阳明便告别了人世,因此,严滩之辩无疑体现了其晚年思想。这里虽然借用了一些佛家术语,但诚如王汝中当时所发挥和钱德洪后来所概括的那样,其中心论题涉及的是本体与工夫的关系。从逻辑上看,本体(良知)是工夫(致良知)的先天根据,工夫以本体为出发点和前提,并在过程的展开中以本体为范导。这样,从本体上说工夫,必须设定本体的存在(有心是实,无心是幻)。

从现实性上看,本体在工夫的具体展开之前,往往带有可能的特点,唯有通过切实的致知过程,本体才呈现为真实的根据,并获得具体的内容。这样,从工夫上说本体,便不能把本体视为既成的存在,而应肯定无心是实,有心是幻。

以上所论虽然包含了王汝中的某些理解,但其基本思想无疑源于王阳明的本体与工夫之辨,所谓"先生然其言",便已明确表明了王阳明的立场。事实上,类似的看法亦见于王阳明的另一些论述:"无知无不知,本体原是如此。"(同上书,第109页)"无不知"是从本体说工夫(就逻辑上的可能而言),"无知"则是从工夫说本体(就尚未落实于工夫的本体而言)。在相同的意义上,王阳明认为:"耳原是聪,目原是明,心思原是睿智,圣人只是一能之尔。能处正是良知。众人不能,只是个不致知,何等明白简易。"(同上)正如耳、目、心包含着聪、明、智的潜能一样,良知亦内涵着无不知的可能;但这种可能只有在致知过程中才能转化为现实的形态,圣人不同于众人之处,即在于他能自觉地通过致知工夫以实现这种可能。总起来,"合着本体的,是工夫;做得工夫的,方识本体"(《传习录拾遗》,《全集》,第1167页)。

从主体精神的发展看,本体可以理解为意识的综合统一体。这种本体并不是独立于意识过程的超验实体,它即形成并体现于现实的意识活动过程,离开了现实的意识活动过程来谈本体,便很难避免思辨的虚构。在哲学史上,休谟曾对内在精神实体(自我)的存在提出质疑(参见《人性论》,第281—294页),尽管休谟由此而否定了意识的内在统一性,不免表现出狭隘的经验论立场,但他对离开意识活动而设定超验精神实体的批评,却并非一无所见。当代哲学中赖尔、后期维特根斯坦等对内在精神实体的消解,在某种意义上可以看作是休谟工作的继续,其中固然渗入了某种逻辑行为主义的偏狭眼界,但它对意识现象的形而上学独断规定,无疑亦有抑制的意义。

在对精神本体的理解上,王阳明似乎表现出二重性,从严滩之辩中,已不难看到这一点。从总的思维倾向看,王阳明始终没有放弃对本体的先验设定,所谓本体上说工夫,有心俱是实,无心俱是幻,便可视为对先验本体的确认,就此而言,王阳明显然并没有超出思辨哲学的视域。然而,王阳明同时又肯定了本体与工夫关系中的另一面,即工夫上说本体,有心俱是幻,无心俱是实。如前所述,无心俱是实,意味着本体并不是一种既成的存在,由此进一步加以推论,便可能偏离对超验本体的承诺。事实上,当王阳明强调由工夫看本体则有心是幻时,便已表现出对超验本体的某种疏远。从王阳明的以下论述中,我们可以更具体地看到这一点:"目无体,以万物之色为体;耳无体,以万物之声为体;鼻无体,以万物之臭为体;口无体,以万物之味为体;心无体,以天地万物感应之是非为体。"(《传习录》下,《全集》,第108页)此所谓心无体,可以看作是有心是幻、无心是实的一个注脚。质言之,本体并非超然于意识的现实作用过程(感应之是非),离却工夫,亦无现实之本体。

在工夫与本体的如上辨析中,值得注意的是从工夫说本体这一向度。稍作分析即不难看到,在王阳明那里,先天(先验)与超验似乎具有不同的含义;先天是在逻辑上先于经验活动,超验则是离开现实的感应(工夫)过程。本体作为普遍必然的理性原则,是先天的(具有先验性),但它并不是超验的:唯有在后天的工夫展开过程中,先天的本体才能获得现实性的品格。王阳明对本体超验性这种疏而远之的立场,在理论上乃是以扬弃超验天理及超验性体为其前提:本体与工夫关系上的心无体(无心是实)可以看作是心性关系上融性体于心体、心物关系上以意义世界取代宇宙论推绎的逻辑展开。

作为思辨哲学家,王阳明对超验性的拒斥当然并不彻底,对先验与超越的区分也既非如这里分析的这样自觉明晰,亦非始终前后一贯;而且,从实质上看,先天性(先验性)的预设本身亦未真正摆脱超验性。然而,从工夫说本体这一思路,毕竟不同于对精神本体的超验规定,尽管它本身并未完全超越对本体的独断看法,但它却为这种超越提供了历史的前提。正是循沿从工夫说本体这一理论路向,黄宗羲后来进而提出:"心无本体,工夫所至,即是本体。"(《明儒学案序》)心无本体与王阳明所谓心无体,无疑有相近的意蕴。当然,在黄宗羲那里,工夫的展开并不表现为先天本体的实现,换言之,后天的工夫并非以先天预设的本体为前提:本体即形成并体现于工夫过程,离开工夫别无本体(工夫所至即是本体);从而,扬弃本体的超验性同时意味着扬弃其先天性(先验性)。从有心是幻、无心是实,到工夫所至即是本体,既可以看到理论的深层转换,又表现为思想演进的逻辑进展。

就工夫上说本体这一向度而言,主导的方面首先是工夫。作为把握本体并使本体获得现实性品格的必要环节,致知工夫本质上展开为一个过程。王阳明很注重致知工夫的过程性,并从不同侧面对此作了考察。从主体看,其认识潜能虽然存在于先天的本原之中,但唯有经过后天"盈科而进"的发育过程,才能转化为现实的能力:"为学须有本原,须从本原上用力,渐渐盈科而进。仙家说婴儿,亦善譬。婴儿在母腹时,只是纯气,有何知识?出胎后方始能啼,既而后能笑,又既而后能认识其父母兄弟,又既而后能立能行,能持能负,卒乃天下之事无不可能。皆是精气日足,则筋力日强,聪明日开,不是出胎日便讲求推寻得来。"(《传习录》上,《全集》,第14页)主体的如上发育成熟过程,从个体认识能力发展的维度决定了致知工夫的过程性。

从致知工夫的角度看,个体能力的发展过程,总是关联着对良知的体认。王阳明说:"吾教人致良知,在格物上用功,却是有根本的学问。日长进一日,愈久愈觉精明。"(《传习录》下,《全集》,第99页)此所谓长进、精明,既是指认识能力的提高,又是指对良知体悟的深化。这样,个体认识能力的发展与不断从更深的层面把握良知便构成了同一过程的两个方面:与个体先天本原由潜能而转化为现实能力相应的,是对本体(良知)的体察由浅而入深。在工夫的展开中,自我的完成与精神本体的实现表现为一个统一的过程。

致知工夫作为过程,又有阶段之分:"我辈致知,只是各随分限所及。今日良知见在如此，只随今日所知扩充到底；明日良知又有开悟，便从明日所知扩充到底。如此方是精一工夫。"(《传习录》下，《全集》，第96页)主体的认识能力总是逐渐提升，所谓分限所及，也就是一定阶段所达到的层面。良知作为本体，内含着无尽的意蕴，主体对良知的体认和理解，则是以一定阶段所达到的认识能力和知识背景为前提。由此达到的体悟，又构成了新的致知背景。王阳明将主体在致知过程中的境界区分为三重，即"夭寿不贰，修身以俟""存心事天""尽心知天"："譬之行路，尽心知天者，如年力壮健的人，既能奔走往来于数千百里之间者也；存心事天者，如童稚之年，使之学习步趋于庭除之间者也；夭寿不贰，修身以俟者，如襁抱之孩，方使之扶墙傍壁而渐学起立移步者也。"(《传习录》中，《全集》，第86页)这三者当然并非彼此悬隔，而是展开为一个前后相继，由今日到明日的演进过程，但其间又有层次的不同，致知工夫只能循序而进，不能超越阶段："然学起立移步，便是学步趋庭除之始；学步趋庭除，便是学奔走往来于数千里之基，固非有二事。但其工夫之难易，则相去悬绝矣。心也，性也，天也，一也，故及其知之成功则一。然而三者人品力量自有阶级，不可躐等而能也。"(同上)从道德意识的发展看，过程总是由阶段所构成，每一阶段的道德意识，往往以前此所形成的意识背景为出发点，并由此积累新的道德认识，后者又进一步化为新的道德意识和视域，并指向更高阶段的认识。离开了层层递进的阶段，过程往往会被架空。王阳明对致知工夫的如上考察,似乎亦有有见于此。①

致知过程虽不可躐等,但这并不意味着这一过程仅仅表现为日积月累。在王阳明看来,工夫积累到一定阶段,就会豁然有见:"今且只如所论工夫著实做去,时时于良知上理会,久之自当豁然有见。"(《与道通书》,《全集》,第1206页)豁然有见可以看作是致知过程中所达到的飞跃,通过这种飞跃,主体对良知的体认即达到了一种新的境界。不过,王阳明同时认为,豁然有见并不是致知过程的终结;在有所见之后,工夫还应当进一步展开,以求获得新的理解:"功夫愈久,愈觉不同。"(《传习录》下,《全集》,第93页)王阳明特别强调了这种过程的无止境性:"这个要妙,再体到深处,日见不同,是无穷尽的。"(同上)"不可以少有所得而遂谓止此也。再言之,十年、二十年、五十年,未有止也。"(《传习录》上,《全集》,第12页)如果说,豁然有见肯定了致知过程的间断性,那么,"未有止""无穷尽"则突出了致知过程的连续性。

致知工夫的过程论,可以看作是从工夫说从本体这一思路的展开。工夫作为达到本体的中介,以过程为其存在形式,而本体也正是在过程的展开中获得其生命力,这样,本体与工夫亦可以说即统

---

① L.科尔贝克曾把个体道德判断的发展区分为三个层面六个阶段(参见 L. Kohlberg: *The philosophy of Moral Development*, *Essays on moral Development* V.1. Harper and Row,1981,409—412)尽管科尔贝克的分析以社会学、心理学等实证性的研究为基础,而王阳明则更多地表现出思辨推绎的特点,但在肯定道德意识发展的过程性、阶段性上,二者似乎又有相通之处。而从心学体系看,正是这种过程论思想,构成了其重要的特征。

一于过程。王阳明所说的致知工夫固然不能等同于一般意义上的认识过程，但亦包含着某种认识论的意义。按其内在本性，认识总是既包含着质的飞跃，又具有连续性，这不仅在于飞跃总是在一定积累的基础上实现的，而且表现在飞跃本身又是新的认识阶段的起点，而并未终结认识活动。间断性与连续性的统一，在总体上表现为循环往复，不断上升的过程。王阳明关于致知工夫的以上阐释，对此无疑多少已有所注意。

王阳明以"有心俱是实，无心俱是幻"与"有心俱是幻，无心俱是实"概括本体和工夫的关系，在对本体作先天预设的同时，又以后天工夫限定了本体。就其肯定本体的先天性而言，其思路显然并未突破思辨哲学之域，但就其强调本体唯有在工夫的展开过程中才获得现实性品格并为主体所自觉把握而言，又有扬弃本体超验性的一面。从哲学的演进看，朱熹在赋予性体以先天性质的同时，又强调性体超越经验层面的人心这一面，这种看法在逻辑上蕴含着先验性与超验性的合一：本体既是先天的，又是超验的。作为先天与超验的合一，本体更多地具有形而上的独断性质。王阳明以本体上说工夫与工夫上说本体二重思路，对先验与超验作了某种区分，从而为意识本体向现实认识过程的还原提供了理论前提。

当然，从更深入的层面看，心学对本体与工夫的如上理解，同时又包含着较为复杂的意蕴。广义的认识活动总是展开为一个不断化对象世界（包括本然世界）为意义世界的过程，现象学已从一个思辨的、抽象的层面注意到这一点，所谓现象学的还原，在某种意义上即表现为立义(赋予对象以意义)的过程。主体赋予对象以意义的过程,离不开内在的意识结构(精神本体):对象被理解到什么层面,关联着内在精神本体(意识结构)所达到的水平。就此而言,可以把精神本体视为精神活动(赋予意义之过程)的内在根据。但精神本体本身并不是超验的存在,而是始终处于历史过程之中:它在本质上形成于人的历史实践及精神活动,并随着这一过程的展开而不断获得丰富的内涵。精神本体的历史性与精神活动的历史性,可以看作是同一过程的两个方面。然而,对精神本体与精神活动的这一关系,心学似乎未能真正把握。通过肯定"本体上说工夫",王阳明固然有见于精神本体在化本然世界为意义世界中的作用,但本体的这种作用,在心学中又以其先天性为根据,这种"前见",逻辑地限制了王阳明对"工夫上说本体"的理解。从工夫说本体这一思路如果贯彻到底,便应当承认本体本身亦处于精神活动的历史过程之中,然而,在心学系统中,工夫(精神活动)的作用,却主要被归结为对先天本体的自觉把握,作为工夫所指向的本体,则被视为先天完成的、既定的存在。这种看法显然未能注意精神本体的历史性。工夫的历史性与本体的非历史性这种理论上的不对称,从一个方面表现了心学的内在紧张,而超越这种紧张,则以心学视域本身的突破为前提。

第七讲

知行之辨

一、知行之序

二、知行关系的展开

三、知行合一与销行入知

与致良知说相联系的,是知行之辨。尽管在时间上,似乎很难对知行学说与致良知之教标出严格的先后之序,①但从心学的内在结构看,知行学说可以视为致良知说的逻辑展开。黄宗羲(1610—1695)曾说:在王阳明的致良知说中,"致字即是行字"(《明儒学案》卷八),这一看法已注意到致良知说与知行学说之间的逻辑关系。当然,在展开致良知说的同时,知行学说亦形成了它特有的问题域,并有其自身的理论侧重之点。

一、知行之序

作为致良知说的展开,知行学说以如何致知为题中之义。如前

---

① 王阳明在龙场时期已提出知行之说,同一时期,良知与致良知说的思想亦开始形成。王阳明自己后来曾对钱德洪说:"吾良知二字,自龙场以后,便已不出此意"(参见《刻文录叙说》)。因此,虽然致良知的明确提法(所谓"话头")要相对晚出一些,但就内在观念而言,则很难在时间上判然划一先后之序。

所述,"致"有达到(获得)与推行双重含义,从达到这一维度看,致知的目标首先指向内在的良知,这一点同样体现于知行的工夫:"君子之学,何尝离去事为而废论说?但其从事于事为论说者,要皆知行合一之功,正所以致其本心之良知。"(《传习录》中,《全集》,第52页)

前章已论及,按王阳明的理解,良知作为本体,具有先天的性质。但同时,王阳明又对良知的本然形态与明觉形态作了区分:良知固然天赋予每一主体,但最初它只是一种本然(自在)之知,如果停留于这一形态,则"虽曰知而犹不知"(《大学问》)。致良知的目标在于从本然走向明觉,而要实现这种转换,便不能离开知与行的互动。以关于孝之知而言,"知其如何而为温清之节,则必实致其温清之功,而后吾之知始至;知其如何而为奉养之宜,则必实致其奉养之力,而后吾之知始至,如是乃可以为致知耳"(《书诸阳伯卷》,《全集》,第277—278页)。实致其功属知行工夫中的行,在实致其功之前,对天赋良知还只是一种"粗知","若谓粗知温清定省之仪节而遂谓之能致其知,……则天下孰非致知者耶?"(《传习录》中,《全集》,第50页)在此,实致其功(行)构成了从自发的"粗知"(本然之知)到明觉之知的中介。

就主体与良知的关系而言,良知诚然是一种先天本体,但在先天的形式下,它更多地表现为一种逻辑上的普遍必然之知,而并未转换为现实的理性意识;先天性固然为普遍必然性提供了某种"担保",但在实致其功之前,它却缺乏现实性的品格。唯有通过切实地

践履过程,主体对良知才能逐渐获得认同感与亲切感,并使之化为自觉的理性意识。正是在此意义上,王阳明反复强调:

> 尽天下之学无有不行而可以言学者,则学之始固已即是行矣。……是故知不行之不可以为学,则知不行之不可以为穷理矣;知不行之不可以为穷理,则知知行之合一并进,而不可以分为两节事矣。(《传习录》中,《全集》,第46页)

> 以是而言,可以知致知之必在行,而不行之不可以为致知也,明矣,知行合一之体,不益较然矣乎?(同上书,第50页)

在这里,致良知之教已具体化为知行合一之说,致知过程则相应地被理解为知与行的统一,其内容表现为先天良知通过行(实致其功)由本然的形态转化为明觉的形态。

以知行合一来概括知行关系,构成了王阳明知行学说的独特之点。知行合一有其多重内涵,王阳明的解释与界定亦往往展开于不同方面。从致知(达到、获得知)的角度看,知与行的合一并不表现为静态的同一,而是展开为一个动态的转化过程:它以预设的先天良知为出发点,通过后天的实际践履(行),最后指向明觉形态的良知。作为出发点的良知虽然具有先天的普遍必然性,但却尚未取得现实的理性意识的形式,作为终点的明觉之知固然仍以良知为内容,但这种良知已扬弃了自在性而获得了自觉的品格。知行合一的如上过程可以简要地概括为:知(本然形态的良知)—行(实际践履)—知(明觉形态的良知)。

行(实致其功)是一种经验性的活动,良知则是先天的本体,通过后天的实际践履以达到对先天本体的自觉意识,无疑涉及先验之知与经验活动的关系。在本体与工夫之辨中,王阳明在赋予本体以先天性质的同时,又强调本体唯有在后天的工夫中才能获得现实性的品格,知行之辨可以看作是这一思路的引申。当然,与一般的经验活动不同,行(践履)是一种"在身心上做"的过程,它更多地指向实有诸己。而王阳明以后天的经验活动(行)为达到先天本体的前提,则在知行关系上表现了打通先验与经验的意向。从理论的本来形态看,先验与经验似乎很难相容:先验的预设是一种思辨的虚构,其旨趣在于为理性本体的普遍必然性提供某种形而上的根据;作为经验活动的践履(行)则指向现实的主客体关系及主体间关系,而在知行合一说中,二者却被糅合为一。这一趋向从一个方面表现了王阳明在思辨的立场与现实的向度之间的某种徘徊:一方面,他始终难以放弃对理性本体普遍必然性的先验承诺,另一方面,又力图使这种本体在社会人伦中扬弃超验的性质而获得现实的力量。

知行的统一作为一个过程,以知(本然之良知)—行(践履)—知(明觉之知)为其内容。从致知(达到对良知的自觉意识)这一角度看,重要的首先是知—行—知总过程中的后二个环节(行—知)。王阳明强调不行不可以为学,其内在的意蕴即在于将行纳入致知的过程。在论证知的获得(或自觉意识)离不开行时,王阳明常常借助日常的经验事实,诸如:"夫人必有欲食之心,然后知食;欲食之心即是意,即是行之始矣。食味之美恶必待入口而后知,岂有不待入口而已先知食味之美恶者邪？必有欲行之心然后知路，欲行之心即是意，即是行之始矣。路歧之险夷必待身亲履历而后知，岂有不待身亲履历而已知路歧之险夷者邪？"（《传习录》中，《全集》，第41—42页）从严格的意义上说，知味、知路属经验领域的知识，这些知识之由行而获得，并不足以证明对先天本体（良知）也可以通过作为经验活动的行而达到自觉意识。但从另一角度看，王阳明在此似乎又超出了致良知之域而旁及了一般意义上的认识活动，并注意到了这一领域的认识对行的依赖性。

行作为致知过程的一个环节，还在于它构成了判断真知的准则。《传习录》（上）有一段徐爱问知行关系的记载："爱因未会先生知行合一之训，与宗贤、唯贤往复辩论，未能决，以问于先生。先生曰：'试举看。'爱曰：'如今人尽有知得父当孝、兄当弟者，却不能孝、不能弟者，便是知与行分明是两件。'先生曰：'此已被私欲隔断，不是知行的本体了。未有知而不行者，知而不行，只是未知。'"（《全集》，第3—4页）这里的中心论点，仍是知与行的不可分离，不过其侧重之处在于以行判断知：唯有付诸行之知，才是真知。知行关系的这一面，展开了知行之辨的另一内涵：知应当落实于行。按王阳明的理解，真正的知总是包含着运用于行的向度，并且只有在付诸于实行时才具有现实性。在此意义上，行不仅是达到（理解）知的中介，而且构成了知的具体存在方式，所谓知行合一，便同时包含了以上双重含义。

作为达到知的中介与知本身存在的方式，行并非超然于日常世界,它即展开于日用常行之中。王阳明一再强调致知过程与经验世界中主体活动之间的联系。《传习录》(下)记载:"有一属官,因久听讲先生之学,曰:'此学甚好。只是薄书讼狱繁难,不得为学。'先生闻之曰:'我何尝教尔离了薄书讼狱,悬空去讲学?尔既有官司之事,便从官司的事上为学,才是真格物。如问一词讼,不可因其应对无状,起个怒心;不可因他言语圆转,生个喜心;不可因恶其嘱托,加意治之;不可因其请求,屈意从之;不可因自己事务烦冗,随意苟且断之;不可因旁人潜毁罗织,随人意思处之:这许多意思皆私,只尔自知,需精细省察治之,唯恐此心有一毫偏倚,杜人是非,这便是格物致知。薄书讼狱之间,无非实学,若离了事物为学,却是著空。'"(《全集》,第94—95页)这一大篇议论,主旨在于:作为致知过程内在环节的行,与主体的日常践履具有一致性;由行而致知,即体现于日用常行中。这种日用常行虽愚夫愚妇亦并不与之悬隔,相反,如果离开了愚夫愚妇的庸言庸行,便是异端:"与愚夫愚妇异的,是异端。"(同上书,第107页)这里所谓异端,便是指脱离日用常行的超验进路。

在王阳明那里,致知过程主要不在于知识的积累,它更多地指向诚意:"致其知温凊之良知,而后温凊之意始诚,故曰:知至而后意诚。"(《传习录》中,《全集》,第49页)诚意以成就德性为其具体内容,王阳明要求"在事上磨练做功夫",这种工夫,亦被视为德性自我培养的方式,而德性与工夫的如上统一,则构成了知行合一的内涵之一:"以畜其德为心,则凡多识前言往行者,孰非畜德之事?此正

知行合一之功矣。"(同上书,第51页)

从成就德性(畜德之事)的角度看,知行合一同时意味着德性的培养与道德实践的统一。如前所述,按王阳明的看法,凡人皆具有先天的本体,这种本体构成了德性的内在根据。但主体在后天的环境中往往受到习俗的影响并产生习心,从而不免偏离先天本体,由行而致知,旨趣之一,即是破习心而返归至善的本体:

> 人有习心,不教他在良知上实用为善去恶工夫,只去悬空想个本体,一切事为俱不着实,不过养成一个虚寂。(《传习录》下,《全集》,第118页)

悬空想本体,表现为一种静态的内省,其特点在于离开实际的践履,与这种虚寂的涵养方法相对,为善去恶的工夫则是展开于日用事为间的道德实践:"区区格致诚正之说,是就学者本心日用事为间体究践履,实地用功。"(《传习录》中,《全集》,第41页)与先天的本体唯有通过知行的互动才能由自在的形态转换为明觉的形态相应,至善的根据只有在身体力行的实地工夫中,才能转化为现实的德性。

王阳明的如上看法与朱熹的道德涵养论似乎有所不同。朱熹将天理的体认视为德性培养的第一要义,并相应地将道德涵养与穷理联系起来:"涵养中自有穷理工夫,穷其所养之理;穷理中自有涵养工夫,养其所穷之理。"(《朱子语类》卷九)涵养的具体内容即居敬:"学者工夫,唯在居敬、穷理二事,此二事互相发。"(同上)居敬往往表现为主体的内省状态,其特点在于精神上的畏谨收敛。尽管朱熹并不完全否认涵养与践履的联系,但相对而言,他更多地侧重于德性培养中理性自觉(亦即所谓"穷天理,明人伦")这一向度,对道德实践在成就德性过程中的意义,则未能作出更适当的定位。一般说来,德性的培养固然与穷理之类的道德认识相联系,但它更需要在现实的道德生活中进行自我磨炼。道德本质上是实践的,道德认识本身即形成于道德实践之中,道德理想也只有在道德实践中才能化为现实,离开了现实的道德实践而囿于虚寂的玄思,则很难使德性成为实有诸己的品格。王阳明要求通过日用事为间的体究践履而成就德性(诚意畜德),无疑更自觉地注意到了道德实践在德性培养中的作用。

合而言之,知行互动与成就德性构成了同一过程的两个方面,王阳明对此作了如下概括:"区区专说致良知,随时就事上致其良知,便是格物;著实去致良知,便是诚意。"(《传习录》中,《全集》,第83页)格物而致其知,是对先天良知的自觉,诚意则指向德性的完善。在这里,化本然之知为明觉之知与德性的培养便统一于"在事上"展开的著实工夫(行)。王阳明的如上思想可以看作是先秦儒家仁知统一说的进一步发挥,其中多少注意到了理性的自觉、德性的升华与后天的实际践履是一个统一的过程。

德性的形成关联着德性的展现。知行的统一不仅意味着在实践中成就德性,而且以化德性为德行为指归。以孝悌而言,孝悌无疑是一种善的品格,但仅仅停留在观念的层面上,并不表明真正具有了孝的德性。唯有在行孝行悌的过程中,才能展现出孝的品格:"就如称某人知孝、某人知弟(悌),必是其人已曾行孝行弟,方可称他知孝知弟,不成只是晓得说些孝弟的话,便可称为知孝弟。……知行如何分得开? 此便是知行的本体。"(《传习录》上,《全集》,第4页)这里的知孝知悌不仅是指对孝悌含义的理解,而且是对孝悌的认同和接受(使其化为内在德性),就前者而言,是否理解孝悌的含义唯有付诸于行才能判断;就后者而言,对孝悌的品格的认同与接受,则需有孝悌的德行来确证,知行之不可分,在此具体表现为德性与德行的统一。

可以看到,王阳明的如上观点从先天本体的体认与德性与德行的关系上展开了知行合一的论题。以此为前提,王阳明对分离知与行的论点提出了批评:

> 今人却就将知行分作两件去做,以为必先知了,然后能行;我如今且去讲习讨论做知的工夫,待知得真了方去做行的工夫。故遂终身不行,亦遂终身不知。(《传习录》上,《全集》,第4—5页)

这里涉及的,是王阳明所理解的知行总过程(知—行—知)中后二个环节(行—知)。从总过程看,先天的良知构成了知行互动的出发点,但就其中的后二个环节而言,行又是达到明觉之知的前提。如果试图越过践行这一环节,则势必难以完成从本然之知到明觉之知的转化。在此,先天的本体似乎主要表现为一种形式的设定,它在逻辑上构成了知行互动演进的起点,但并不构成致知过程的现实出发点;就现实过程而言,知行的互动以践行为其基础。在行—知的致知环节中,知行过程已从其逻辑起点(先天本体)向现实根据转换。知行过程的逻辑起点与现实根据的分野,使王阳明多少超越了离行言知的思辨视野。

从如何达到先天本体的这一维度看,知行的统一包含二重含义,即逻辑上的合一与过程中的合一。王阳明常以主意与工夫来概括知与行的关系:"知是行的主意,行是知的功夫;知是行之始,行是知之成。若会得时,只说一个知,已自有行在;只说一个行,已自有知在。"(《传习录》上,《全集》,第4页)行要以知来范导(行以知为主意),知则需通过行而获得自我实现(知以行为工夫),二者相互依存,无法分离:行在其展开中已包含了知的规范,知的存在则已蕴含了走向行的要求,知与行在此似乎表现为一种逻辑上的统一,所谓说知,已有行在;说行,已有知在,这种"说",主要便是一种逻辑上的说。

逻辑上的统一具有静态的特点。王阳明知行学说中更值得注意的是从过程的角度对知行关系的规定。如前所述,在知—行—知的总秩序下,王阳明把知与行的关系理解为从知(本然的良知)到行,又由行到知(明觉之知)的双重转化过程,而这一过程同时又表现为德性与德行的统一。对知行关系的这种理解,不同于抽象地肯定知行的统一,它通过引入过程的观点而在某些方面触及了知与行的现实运动。在王阳明以前,朱熹提出了知先行后说:"夫泛论知行之理,而就一事之中以观之,则知之为先,行之为后,无可疑者。"(《答吴晦叔》,《朱文公文集》卷四二)尽管朱熹并不否认知与行之间的联系,但这种联系往往主要就以下二重意义而言:其一,知应付诸行:"为学之功,且要行其所知。"(《答吕道一》,同上,卷六六)其二,行需遵循知:"穷理既明,则理之所在,动必由之。"(《答程允夫》,同上书,卷四)在这两种情况下,知的过程都是在行之前完成的。离开行谈知的形成与达到,常常容易导致知与行的割裂(形成知为一段,行其知则为另一段),从而将其抽象化。相形之下,王阳明以知与行的互动和转化说知行关系,似乎以过程的观点对知与行作了联结与沟通。

二、知行关系的展开

知行之辨的如上推绎,侧重于讨论如何达到对先天良知的自觉意识,以及如何成就德性。作为致良知说的展开,王阳明所论的知行合一,同时涉及知的推行问题。

王阳明对知与致知作了区分:"知如何而为温清之节,知如何而为奉养之宜者,所谓知也,而未可谓之致知。必致其知如何为温清之节者之知,而实以之温清,致其知如何为奉养之宜者之知,而实以之奉养,然后谓之致知。"(《传习录》中,《全集》,第49页)如前所述,致知之"致"在王阳明那里具有达到(获得)与推行双重含义,此所谓致知,作为与"知"相对者,主要是就后一意义而言。"知"如何,属理性的了解和自觉,致知则是这种自觉的理性意识在践行中的具体运用。按王阳明的理解,致知不仅仅以先天本体的自觉意识为内容,它同时涉及化知为行的过程。

与致的推行义相应,王阳明将行视为知的目标。在谈到学问思辨与践行的关系时,王阳明指出:"学是学做这件事,问是问做这件事,思辨是思辨做这件事。"(《答友人问》,《全集》,第 208 页)在此,践行(做这件事)似乎构成了整个致知过程的目的因:学问思辨均以践行为指归。在宽泛的意义上,这一要求无疑与知应落实于行相通,不过,对王阳明来说,知之指向行,不能理解为先形成或达到观念层面的知,然后付诸于行:"若谓学问思辨之,然后去行,却如何悬空去学问思辨得?"(同上)学做这件事,本身意味着行中求知。因此,以行为目的因与即行而知是统一的:所谓"悬空",既是对离行言知的批评,又含有反对偏离行的目标(泛然言知)之意。

由行求知与化知为行的统一,从另一侧面展开了知行合一的论题。王阳明在解释"知之"与"知至"时,对此作了进一步的阐述:

> 易曰:知至至之。知至者,知也;至之者,致知也;此知行之所以合一也。若后世致知之说,止说得一知字,不曾说得致字,此知行所以二也。(《与顾唯贤》,《全集》,第 999 页)

此所谓"致知",是就推行而言。知至,即对良知的自觉意识,致知意义上的至之,则是良知的推行。在这里,知行的合一具体表现为良知的体认于内与良知的推行于外之统一,而这种统一的基础则是践行。

在践行过程中体认良知,是领悟于内;在践行中推行良知,则是作用于外,后者蕴含着实现社会人伦理性化的要求。从前文一再引述的格物致知说中,我们不难看到这一点:"若鄙人所谓致知格物者,致吾心之良知于事事物物也。吾心之良知,即所谓天理也。致吾心良知之天理于事事物物,则事事物物皆得其理矣。致吾心之良知者,致知也;事事物物皆得其理者,格物也。"(《传习录》中,《全集》,第45页)此所谓事事物物,主要指人伦秩序,在事亲从兄等道德实践中,一方面,主体对良知越来越获得一种亲切感与认同感,良知亦相应地不断由本然之知化为主体的自觉意识;另一方面,良知通过践行而逐渐外化(对象化)于人伦关系,道德秩序由此而趋于理性化并变得合乎道德理想(事事物物皆得其理)。道德理性的自觉与道德理想的实现统一于致知过程,而这一过程又展开为知与行的互动。

道德规范和理想作为一定时期的普遍理念,具有先于个体的特点,这种"先验性"决定了个体对普遍规范总是有一个理解与接受的过程,但个体的理解与接受往往并不是仅仅通过思辨的反省,它更现实地展开于身体力行的道德实践过程中:对道德理念的把握固然离不开辨析理解,但它亦需要切己的磨练。当然,这种实践最初也许带有"行仁义"的性质,但正是在实有其事的践行中,道德理念的意义才能真正为个体所领悟。而在实有诸己的行仁义过程中,道德理念也总是不同程度地取得现实的形态。王阳明把推行意义上的格物致知既理解为人伦的理性化(事情物物皆得其理)过程,又视为主体意识的自觉过程,似乎已有见于以上关系。

知行关系的以上这一面,内在地关联着心与理之辨。如前所述,在心与理的关系上,王阳明提出了心即理的命题。心与理的统一既表现为理内化为心体,亦表现为心体的外化,后者以社会人伦的理性化为其具体内涵。就心体的外化言,心与理的合一与知与行的合一无疑有其相通的一面:尽管侧重不同(前者强调人伦关系合理性的根据在心体,后者着重于指出这种合理性是通过主体自身的活动而实现的),但在把日常世界的理性化与主体意识及主体的活动联系起来这一点上,二者却展示了相近的思路。事实上,王阳明亦曾明确地指出心与理的合一和知与行的合一在逻辑上的相关性:"外心以求理,此知行之所以二也;求理于吾心,此圣门知行合一之教。"(《传习录》中,《全集》,第43页)外心求理,往往导致人伦世界的理性秩序与心体的分离;求理于吾心,则意味着肯定事事物物皆得其理的践行过程与心体的联系。

在知(自在形态的良知)-行-知(明觉形态的良知)的进展中,侧重之点在于先天本体如何化而为主体的自觉意识。但在更广的意义上,致知的过程既涉及自我(理性的明觉),又指向对象(人伦的理性化),从而,知与行的统一不仅在于通过切己的践行而达到对知的内在明觉,而且表现为通过践行而使知推行于外(实现日常人伦的理性化)。在后一意义上,知与行关系又表现为知-行-知与知-行-

理的互动。

三、知行合一与销行入知

王阳明以知行合一为解决知行关系的总论题。从知行之辨的如上进展看，知与行的统一，主要被理解为一个知行互动的过程，然而，在王阳明那里，知行合一的含义并不限于此。

王阳明曾从不同方面对知行范畴的内涵作了阐释。在谈到知行的合一并进时，王阳明亦同时论及了知与行的具体指谓：

> 知之真切笃实处，即是行；行之明觉精察处，即是知。知行工夫本不可离。只为后世学者分作两截用功，失却知行本体，故有合一并进之说。(《传习录》中，《全集》，第42页)

这里以知行互训的方式，从一个侧面对知与行作了界定。关于行的内涵，可留待后文详论，此处首先使我们感兴趣的是对知的规定。按王阳明在这里的解释，行之明觉精察，即构成了知的具体所指。明觉精察本来指精神或意识的一种活动，但在此处它却被用以表示行为的一种状态(行为的合理形式等)，而以行之明觉精察来界定知，则相应地意味着将知规定为某种特定的行为方式(理性化的行为等)；知作为行的状态，与行自然形成了合一的关系。

王阳明以行释知的以上思路，使人联想到行为主义的某些看法。狭义的行为主义是与华生、斯金纳等人的工作相联系的心理学流派,广义的行为主义则包括与之相关的一般哲学立场。就总的倾向而言,行为主义的特点主要在于将内在的精神、意识现象还原为主体的外部行为,当然,在早期的行为主义那里,这种还原较多地与刺激-反应的研究模式相联系,而广义的哲学行为主义则具有更为复杂的形态。这里值得注意的是分析哲学形式下的行为主义,它在赖尔那里取得了较为独特的形态。

赖尔在其名著《心的概念》一书中,对心(mind)作了日常语言学意义上的分析,这种分析亦以行为主义为其立场。对此,赖尔并不讳言:"无疑可把、也不妨把本书的基本倾向说成'行为主义的'。"(《心的概念》,上海译文出版社,1988年,第342页)按赖尔的看法,传统的理智主义往往把思考做某事与实际地做某事区分开来,其结果是知与行的割裂:"先做一件理论工作,再做一件实践工作。"(同上书,第24页)赖尔否定了这种观点,强调我们所做的只是一件事而非两件事,而这一件事即是行为。尽管赖尔声称并不否认存在着心理过程,但他所致力的,却是将意识现象与精神现象还原为人的行为。在解释智力性的形容词时,赖尔写道:"当我们用'精明的''谨慎的''粗心的'这些智力形容词来形容一个人时,并不是指他是否认识这个或那个真理,而是指出他能否做某类事情。"(同上书,第23页)精明、谨慎等确乎并非仅仅是一种内在的心理过程,它同时需通过外在的行为来确证。但赖尔由此将它完全归入行为过程而否认其中所包含的认识内容,则渗入了对认识之维的虚无主义态度。后者在赖尔的如下论断中表现得更为明显:"'在心中'这句话可以而且应该永远被废弃。"(同上书,第 35 页)这实际上从一个更为普遍的层面对内在思维过程的真实性提出了怀疑。在后期维特根斯坦那里,这种行为主义倾向同样得到了体现。在他看来,"人的身体是人的心灵最好的图画"(《哲学研究》,三联书店,1992 年,第 248 页),而这种身体首先表现为行为的主体,这里亦蕴含着意识向行为的还原。

对精神现象的行为主义解释无疑具有拒斥超验的精神实体、避免精神和意识现象的神秘化等意义,但把精神现象还原为行为,本身亦未免失之简单。从身心关系看,这种还原无疑将取消意识现象的相对独立性,就认识论而言,它则往往导致销知入行。后一倾向在实用主义那里表现得十分明显。杜威便明确指出:"知(knowing)就其本义而言就是做(doing)。"(《实验逻辑论文集》,纽约,1916 年,第 331 页)"经验首先不是知识,而是动作和遭受的方式。"(《创造的智慧》,纽约,1917 年,第 7 页)这种看法以主体对环境的反应活动否定了主体的认知活动,而从知行关系上看,它亦意味着把知还原为行。如果说,赖尔、后期维特根斯坦等主要从日常语言分析的角度认同了行为主义原则,那么,实用主义则着重从认识论上展开了同一原则。

王阳明的心学与分析的行为主义(赖尔、维特根斯坦等)及"实用"的行为主义(杜威等)当然不能作简单类比,但就其以行界定知,把知理解为行的特定状态(明觉之行)而言,则与行为主义又有相通之处。事实上,王阳明把"明觉精察"视为行的一种状态,并将知还原为这种特定状态的行,与赖尔把"精明的""谨慎的"等主要限定于"做"某事,确乎表现了相近的思路。从这方面看,知行合一无疑包含了销知入行这一面。当然,赖尔等分析的行为主义之以行为消解精神现象,较多地与拒斥思辨的形而上学相联系:通过以行为界定心的概念,赖尔等既试图超越身心的二元论,亦要求消除心的概念下对超验精神实体与超验心理过程的承诺。相形之下,王阳明之以行释知,则表现为道德实践向道德意识的扩展(为善去恶的践行涵盖知善知恶之知)。

王阳明不同于行为主义的更重要之点还在于,从知行合一导向以行释知,仅仅是王阳明知行学说的一个方面。以前文的引述而言,王阳明在以行界定知的同时,亦以知解说行,所谓"知之真切笃实处,即是行",便表现了这一点。"真切笃实"犹言"实有诸己",表示主体的认识状态,以此解释行,亦意味着将行纳入知之中。在解释学问思辨与行的关系时,王阳明更明确地表述了这一点:"盖学之不能以无疑,则有问,问即学也,即行也;又不能无疑,则有思,思即学也,即行也;又不能无疑,则有辩,辩即学也,即行也。"(《传习录》中,《全集》,第45—46页)学问思辨本属知,从广义上看,知作为一个过程既包含学问思辨等认知环节,又离不开行,但在王阳明的如上解释中,作为认知环节的学问思辨本身又被理解为行的具体形态,换言之,行被纳入了知的范畴。

在谈到知行合一的立言宗旨时,王阳明曾作了如下解释:"今人学问,只因知行分作两件,故有一念发动,虽是不善,然却未曾行,便不去禁止。我今说个知行合一，正要人晓得一念发动处，便即是行了。发动处有不善，就将这不善的念克倒了。须要彻根彻底，不使那一念潜伏在胸中。此是我立言宗旨。"(《传习录》下，《全集》，第96页)此所谓念，是观念层面的动机；一念发动，亦即在观念层面形成某种动机，此时动机尚处于意识之域，而未向行为转化。王阳明强调一念发动处即是行，显然模糊了行为的动机与行为本身的区分，从逻辑上看，这里蕴含着概念内涵的混淆；就知行关系而言，则表现出以知为行的倾向。王阳明以念为行，无疑有其道德涵养上的考虑：把观念上的恶等同于实践上的恶，旨在根绝观念层面的不良动机，这也是王阳明在以知为行意义上讲知行合一的立言宗旨。

然而，正如一些论者所指出的，王阳明对知与行的以上界定即使从道德涵养上看，也有自身的问题。道德本质上是实践的，不良动机的消除固然有助于避免恶的动机外化为恶的结果，但善的动机却很难视为善的行为本身：如果善念即是善行，则一切道德实践便成为多余的了，这与以行释知(知应还原为行)的观念显然存在某种紧张。同时，将善念等同于善行本身，也易使善恶的评判失去客观的标准。这种理论上的问题，王阳明在作如上解释时似乎未能注意。

从知行关系上讲，王阳明由强调消除不善之念，进而将行纳入知之中，无疑更集中地表现了销行入知的趋向。从这方面看，王夫之的以下批评并不是毫无根据的："若夫陆子静、杨慈湖、王伯安之为言也，吾知之矣。彼非谓知之可后也，其所谓知者非知，而行者非行也。知者非知,然而犹有其知也,亦惝然若有所见也;行者非行,则确乎其非行,而以其所知为行也。以知为行,则以不行为行,而人之伦、物之理,若或见之,不以身心尝试焉。"(《尚书引义·说命中二》,中华书局,1976年,第76页)王夫之将陆九渊、杨简的知行观与王阳明等量齐观是否确切,或可讨论;他用"以知为行"概括王阳明的整个知行学说,似亦可议之处,但以上所论,确实触及了王阳明知行合一说的一个方面。在解释《大学》"如好好色,如恶恶臭"时,以知为行这一面得到了更明了的表述:"见好色属知,好好色属行。"(《传习录》上,《全集》,第4页)好好色是一种主体的意向,属广义的观念活动,以此为行,意味着模糊精神现象与践行的界限。

从逻辑上看,知行合一如果抽象地加以引申,往往蕴含着二重衍化方向,即知合一于行或行合一于知。王阳明在以行释知的同时,又常常以知涵盖行,从而表现出销知入行与销行入知的双重倾向。这种融行为主义与心理主义为一的现象,无疑有其值得注意之点。知行合一包含着知行的并重,而对合一的抽象理解则又逻辑地导向二者界限的消融。当然,在王阳明那里,知行关系的这种种辨析,并不仅仅具有认识论或本体论的意义,它的内在关注之点更在于德性的培养及如何成圣。如果说,以行释知突出了德性的外在展现(德性在德行中的确证)这一面,那么,以知为行则强调了净化内在人格(拒不善之念)在成圣过程中的重要性。二者虽然存在着某种紧张,但又始终指向同一目标。

在知行之辨上,王阳明既把知行关系理解为一个过程,又以思辨的方式说二者的合一。过程论的规定与思辨的推绎并存于同一体系,使其知行学说呈现颇为复杂的形式。过程论的规定包含着时间之维,并相应地表现为对形而上之超验进路的拒斥,思辨的推绎则关联着本体的先天预设,二者从不同侧面将良知(先天本体)与致良知(后天工夫)说进一步具体化了。

第八讲

心学中的名言问题

一、心体与言说
二、名言与道
三、"说"与"在"

在形上的层面,心学以存在的追寻为其内在向度;后者在逻辑上关联着名言之域与超名言之域:无论是内在的心体,抑或普遍之道,其"得"(达到)和"达"(表达)都难以离开名言的作用。心体与道能否说以及如何说,"说"与"在"如何定位,等等,对这些问题的思考,同时也使心学在更深的层面得到了展开。

一、心体与言说

王阳明以成圣为终极的追求。从形而上的层面看,走向理想之境(成圣)与重建心体有其逻辑的联系:心体作为内在的本原而构成了成圣的根据。在王阳明的心学系统中,心体与良知往往处于同一序列,致良知与知行的互动同时亦意味着对心体的体认。从总体上看,致良知与知行的互动固然更多地侧重于历时性的过程,但这一过程同样也涉及言说与体认、名言与对象等逻辑的关系。

按王阳明的理解，心体作为本原，表现为一个统一体："心，一而已。以其全体恻怛而言谓之仁，以其得宜而言谓之义，以其条理而言谓之理。"(《传习录》中，《全集》，第43页)致良知的终极目标，即在于达到心之全体。然而，名言则往往限于某一个侧面，因而执着于名言，常常难以把握心体。正是在此意义上，王阳明认为："心之精微，口莫能述。"(《答王天宇》，《全集》，第164页)这里已涉及心体与言说的关系：心体主要不是言说的对象。

以名言去把握心体，主要表现为理性的辨析、理解过程。在王阳明看来，对心体固然要达到理性的明觉，但这种理性的明觉并非仅仅依赖于名言的辨析，它更多地与体认和心悟相联系。王阳明常常以哑子吃苦瓜为喻，来说明这种非名言所限的体悟："哑子吃苦瓜，与你说不得。你要知此苦，还须你自吃。"(《传习录》上，《全集》，第37页)"说"是以名言来表达，说不得，意味着难以用名言来表达。作为一个"说不得"的过程，自悟具有超名言的性质，而所悟的对象（心体）则亦似乎被置于超名言之域。

名言之域（可以"说"之域）与非名言之域（说不得之域）的区分，当然并非始于王阳明，老子提出"道可道，非常道；名可名，非常名"(《老子》第一章)，其中已蕴含了对可说（可道之域）与不可说（不可道之域）的划界。在老子那里，可说之域与不可说之域的划界，逻辑地对应于为学与为道的过程：为学过程指向可说之域，为道过程则指向不可说之域。可说之域主要与日常的知识经验界相联系，不可说之域则往往被理解为形而上之道。与老子不断地追问形而上之道有所不同,王阳明更多地将不可说的心体与个体的存在联系起来。

如前所述,心体的意义首先体现于成圣过程。从成圣的理想出发,王阳明上承了儒家区分为己之学与为人之学的思路。前文(第五章)已提及,为己以成己为目标。从人格培养的角度看,心体作为成圣的根据,总是具有普遍性的一面,成己即意味着使具有普遍性品格的心体与个体的存在合一,并通过对心体的自悟而成就人的内在德性。这种为己的过程,也就是使心体实有诸己的过程。与之相对,名言的辨析则往往以成就知识为特点,就其与心体的关系而言,它首先将心体视为理解的对象,从而使二者的关系呈现为能知与所知相互对峙的格局。在心体的对象化形式下,对心体的言说往往引向了语义的解析,从而不免偏离成就德性的指归。王阳明曾对此提出如下批评:"吾契但著实就身心上体履,当下便自知得。今却只从言语文义上窥测,所以牵制支离,转说转糊涂。"(《答友人问》,《全集》,第208—209页)就身心上体履表现为一个为己的过程,言语文义上窥测,则执着于知识层面的理解,后者往往流于炫人以文辞,从而导向为人之学:"今之学者须先有笃实为己之心,然后可以论学。不然,则纷纭口耳讲说,徒足以为人之资而已。"(《与汪节夫书》,《全集》,第1001页)

心体的设定在于为成己提供根据,言说则趋向为人;成己要求化心体为自我的人格,言说则导向化心体为对象。与如上对峙相联系的,是口耳之学与身心之学的分野。关于口耳之学,王阳明有如下评论：

> 今为吾所谓格物之学者，尚多流于口耳。况为口耳之学者，能反于此乎？天理人欲，其精微必时时用力省察克治，方日渐有见。如今一说话之间，虽只讲天理，不知心中倏忽之间已有其多少私欲。盖有窃发而不知者，虽用力察之，尚不易见，况徒口讲而可得尽知乎？今只管讲天理来顿放着不循；讲人欲来顿放着不去，岂格物致知之学？后世之学，其极至，只做得义袭而取的工夫。(《传习录》上,《全集》,第24—25页)

口引申为说，耳则借喻为听，言说作为交往过程总是包含"说"与"听"，言说需要听者的回应，听则是进行对话的前提。在言说过程中，说与听都首先涉及话语意义的辨析，其目标在于达到知识层面的理解。此时，主体常常耳听而口说，所谓入乎耳而出乎口；其所说所听，并未化为内在的人格。唯其如此，故虽在语义的层面能明于理欲之辨，但仍不免有私欲。质言之，外在的言说尽管能达到关于对象的知，但却不能担保内在精神世界的完善；口讲与心悟有其逻辑上的距离。

与口耳之学相对的是身心之学。当王阳明将"身心上体履"与"文义上窥测"视为格物致知的两种不同方式时，亦已表现了对身心之学的肯定。从内涵上看，所谓身心之学包含相互联系的两个方面。其一，与入乎耳出乎口不同，它以身体力行为自悟的前提，将心体之悟理解为实践过程中的体认（表现为"体"与"履"的统一）；其二,体与履的目标,是化本体(心体)为内在的人格,并使之与个体的存在合而为一。王阳明曾说:"世之讲学者二:有讲之以身心者,有讲之以口耳者。讲之以口耳,揣摸测度,求之影响者也。讲之以身心,行著习察,实有诸己者也。"(《传习录》中,《全集》,第 75 页)所谓讲之身心而实有诸己,即意味着具有普遍性向度的心体与个体相融合,成为主体的真实存在。

可以看到,按王阳明之见,言说并不引向心体与个体的沟通,相反,它往往导致心体与自我存在的分离。对王阳明来说,关于心体,主要的问题是如何使之实有诸己,而言说与辨析则趋向于对象化。在言说辨析的层面上,意义的表达和理解构成了关注的重心,心体作为对象始终处于言说者之外,说与所说呈现为二元对峙的结构。这种辨说往往将意义本身归结为一个独立的论域,言说越详而越疏离心体,所谓"牵制缠绕于言语之间,愈失而愈远矣"(《与道通书》,《全集》,第 1207 页)。从成圣的维度看,言说的作用主要不在于意义的辨析,而在于规定行为的方向:"盖古人之言,唯示人以所向往而已。若所示之向往,尚有未明,只归在良知上体会方得。"(《传习录拾遗》,全集,第 1176 页)示人以向往,亦即示人以理想之境,这种所向最终又是通过主体自觉的体悟(体会)而达到明晰并获得认同。

名言与心体的关系,并不仅仅存在于德性与人格的形成过程。从"所向往"看,主体既要化心体为实有诸己的人格,又应实现从德性到德行的转化。名言的辨析,属广义的"知"的领域,它固然有助于理解心体的至善品格,但执着于此,却仍未超越知善知恶之知,对成圣的追求来说,重要的是在践行中使德性获得外部的确证。正是以此为前提,王阳明一再将身心上体履提到了更为突出的地位:"区区格致诚正之说,是就学者本心日用事为间,体究践履,实地用功,是多少次第、多少积累在。"(《传习录》中,《全集》,第41页)体究不同于思辨地说,而是实践中的悟;践履则是化所悟为实地功夫,在这里,言说的意义似乎已为践行所消解。

言说与德行的如上关系,与致良知说及知行之辨无疑有逻辑的联系。言说属广义的知,但这种知一旦离开了践行过程,就只具有口耳之学的意义。如前文所提及的,心体作为成圣的根据,与良知处于同一序列,心体的"得"(把握),与良知的致,亦有彼此相通的一面。良知之致,无论就达到抑或推行而言,都展开于践行过程。同样,对心体的体认及这种体认的确证,也始终离不开实地践履。在这种对应关系中,言意的逻辑辨析,多少让位于知行的现实工夫。①

在名言与心体的关系上,王阳明首先将心体理解为超乎名言之域(说不得)的本体。但是由心体的说不得,王阳明既未追随老子,走向带有神秘意味的玄观,亦没有像维特根斯坦那样,自限于和言

---

① 践行对言说的优先性,在某种意义上可以追溯到儒学的传统。汉森曾指出:"泰勒的兴趣在于解释,孔子的兴趣则在社会行为。"(参见 C. Hansen: *Language and Logics in Ancient China*, The University of Michigan Press, p.55, p.77)解释与言说相关,社会行为则指向践行。尽管不能简单地把古希腊哲学归结为名言的辨析,亦不能认为儒家完全忽视名言,但二者在哲学发展的初期确乎已表现出不同的侧重,史华慈亦提出了类似的看法(参见 H. Schwartz: *The World of Thought in Ancient China*, The Belknarp Press of Harvard University Press, 1985, pp.90—99)。

说相对的沉默,而是将言意之辨与知行之辨联系起来。心体虽超乎名言(说不得),但却并非没有意义,不过,作为成圣的根据,这种意义主要不是借助言说与辨析来彰显,而是通过主体自身的存在来确证。这样,在王阳明的心学中,名言的辨析便从属于个体的自悟,言意之辨上的"说"则相应地转向了身心之学上的"行"。

二、名言与道

心体作为成圣的根据,较多地表现了其内在之维。在更一般的层面上,心体又被理解为存在的普遍根据。后一意义上的心体,往往又与道相通,而名言与心体的关系,亦逻辑地关联着言与道之辨。

道在心学的体系中具其双重品格:它既被理解为本体论意义上的存在根据,又表现为认识论意义上的真理,前者侧重于对存在的规定,后者则是对这种规定的把握,二者彼此交错,使道具有了统一性原理的意义。尽管心学始终以如何成圣为其哲学主题,但与历史上其他哲学系统一样,心学始终难以忘怀对统一性原理的追问,事实上,成圣与求道在心学中乃是一个统一的过程。

作为统一性原理的道,是否表现为名言之域的对象?王阳明对此提出了如下看法:"道不可言也,强为之言而益晦;道无可见也,妄为之见而益远。夫有而未尝有,是真有也;无而未尝无,是真无也;见而未尝见,是真见也。"(《见斋说》,《全集》,第262页)此所谓

"不可言",与前文的"说不得"含义相近,均指超越名言。道首先不是言说的对象,如果勉强地以名言去说,则反而使道远离人。一般而言,名言具有敞开存在的作用,在认识之光尚未照射之前,对象往往处于自在形态,而认识的过程总包含着名言的规定与表达作用:在这一意义上,确乎可以说,名言将对象敞开于主体之前。但从另一角度看,名言往往又有遮蔽对象的一面。作为思维的形式,名言凝结了认识的成果,这种成果作为先见而影响着人们对对象的把握,它既构成了达到对象的必要条件,又在一定意义上具有某种排他性。同时,在经验知识的领域,名言所达的,常常是对象的某一方面或某一层面,及于此往往蔽于彼。王阳明认为强为之言而益晦,妄为之见而益远,似乎主要就后一意义而言。

当然,道本身虽超越名言,但走向道的过程并非完全隔绝于名言;就儒学的系统而言,五经便常常被理解为达到道的中介,而五经即是由名言构成的意义系统。不过,名言(包括表现为名言系统的五经)虽然是达到道的中介,但却只具有工具的意义,因而不可执着:

> 得鱼而忘筌,醪尽而糟粕弃之。鱼醪之未得,而曰是筌与糟粕,鱼与醪终不可得矣。五经,圣人之学具焉。然自其已闻者而言之,其于道也,亦筌与糟粕耳。(《五经臆说序》,《全集》,第 876 页)

五经只是得道的手段,一旦把握了道,便不必拘泥于五经的名言意义系统。这种看法,对松弛传统经学的束缚、超越词章训诂之学,无疑有不可忽视的意义。

从名言与道的关系上看,王阳明的如上观念与传统的言意之辨显然有其历史的联系。魏晋时期,王弼(226—249)对言意关系曾作过如下规定:"言者所以明象,得象而忘言;象者所以存意,得意而忘象。"(《周易略例·明象》)这里的言具体指卦辞,象则指卦象(含有范畴之意),二者引申为名言;与之相对的意,则可泛指一般的原理。在此,言与象(名言)即被理解为达到意(一般原理)的工具,而这种工具与所要达到的对象(意)的关系又完全是外在的:一旦得意,即可忘言与象。王阳明对五经所代表的名言系统与道的关系的理解,在理论上无疑上接了王弼玄学的言意之辨。当然,王弼在这方面似乎走得更远:由得象而忘言、得意而忘象,王弼进而引出"得意在忘象,得象在忘言"的结论(参见同上),亦即将放弃名言视为把握普遍原理的前提。相形之下,王阳明则并未放弃对名言之工具意义的承诺。

与得鱼而弃筌、得道而弃五经相近的,是维特根斯坦的抛梯之说。维特根斯坦在其《逻辑哲学论》的结尾处,曾写下了一段颇有意味的话:"我的命题可以这样来说明:理解我的人当他通过这些命题——根据这些命题——越过这些命题(他可以说是在爬上梯子之后把梯子抛掉了)时,终于会知道是没有意思的。"(《逻辑哲学论》6.54,商务印书馆,1985年,第97页)按早期维特根斯坦的看法,形而上学的问题无法以命题来说,他的《逻辑哲学论》即在于展示这一事实,亦即"说"不可说(说形而上学之不可说),一旦理解了形而上学问题与有意义的命题之间的关系,则他所说的一切便都可以悬置。王阳明在强调道不可言的同时,又提出得道而弃五经,亦即把五经的名言系统视为达到"不可言"之道的工具,其思路与维特根斯坦的"抛梯"之说确乎有类似之处。事实上,王阳明亦常常把经典比作阶梯,认为"六经原只是阶梯"(《全集》,第786页),阶梯是达到目标的手段,而不同于目标本身。同样,经典的名言系统对道的言说尽管可以引向道,但这种言说也有别于道本身。

不过,与早期维特根斯坦由不可说走向沉默(以沉默为处理形而上学问题的最后立场)有所不同,王阳明在反对执着于名言的同时,又把注重之点转向与名言辨析相对的体悟,而从说到悟的转换之前提,则是道体与心体的沟通:"道无方体,不可执着。却拘于文义上求道,远矣。……若解向里寻求,见得自己心体,即无时无处不是此道。亘古亘今,无终无始,更有甚同异?心即道,道即天,知心即知道、知天。""诸君要实见此道,须从自己心上体认,不假外求始得。"(《传习录》上,《全集》,第21页)如前所述,心体与道体的合一,乃是心学的基本预设。这里值得注意的是王阳明将文义上(名言意义系统上)求道与心上体认区分开来,以自心体认作为把握道的更重要的形式。此所谓体认,亦以道体与心体的合一为其指归。不过,与本体论上的先天规定不同,由体认而达到的合一,更多地表现为个体对普遍道体的内在认同;前者(本体论意义上的合一)展示的是道与心之间的逻辑关系,后者(由体认而达到的合一)则是主体的一种境界。

　　名言的辨析首先指向对象的逻辑关系,心上的体认则落实于主体的境界;从文义上求道到心上体认,表现为由逻辑关系的把握,到化道体为境界。境界不同于一般名言所表达的知识,所谓"知来本无知,觉来本无觉"(《全集》,第 94 页);其所得,其所存,"在知道者默而识之,非可以言语穷也"(同上书,第 64 页)。默而识之既不同于消极意义上的沉默,也不同于外在的语义辨析,它从对象性的认识,转向内在的自悟,并由此而将对道体的体认,融入主体的意识结构,使之与人的存在合一。质言之,在王阳明的心学中,得道(悟道)主要不是对外在的超验本体的认识,而是表现为主体境界的形成与提升,这一思路可以看作是身心之学的逻辑展开。

　　从哲学史上看,在名言与道的关系上,传统哲学似乎表现出二重路向。自先秦以来,一些哲学家对名言能否把握道作了肯定的回答,并较多地考察了如何以名言把握道的问题。荀子(约前 313—前 238)认为,"辩说也者,不异实名以喻动静之道也"(《荀子·正名》),其中已蕴含名言的辨析能达到道之意。《易传》对名言在把握普遍之道上的作用也表现出乐观的确信:"圣人立象以尽意,设卦以尽情伪,系辞焉以尽其言。""《易》与天地准,故能弥纶天地之道。"(《易传·系辞上》)即易的名言系统与天地之道具有同一对应关系,故能涵盖穷尽后者。北宋张载(1020—1077)大致上承继了以上传统,并对此做了更明确的阐述:"形而上者,得辞斯得象矣,故变化之理须存乎辞。言,所以显变化也。""拟之而后言,议之而后动,不越求是而已。此皆著爻象之辞所以成变化之道,拟议以教之也。"(《易说·系辞上》)就是说,形而上之道并非超越于名言之域,主体能够以概念范畴言说、把握普遍之道。尔后王夫之肯定"言、象、意、道固合而无畛"(《周易外传·系辞下》),体现的是同一思路。

与以上传统有所不同,另一些哲学家则更多地将注重之点指向道的超名言这一面。在如何把握道的问题上,孟子(约前372—前289)提出自得之说:"君主深造之以道,欲其自得之也。自得之,则居之安;居之安,则资之深;资之深,则取之左右逢其原。"(《孟子·离娄下》)此所谓深造,并不是名言文义上的辨析,而是个体的体悟,其具体形式表现为尽心:"尽其心者,知其性也;知其性者,则知天矣。"(《孟子·尽心上》)作为尽心与自得的统一,深造以道所追求的是道与个体存在的融合。① 老子把道规定为"无名之朴"(《老子》三十七章),更明确地突出了道之超名言性质;与之相联系的则是"为道日损"说,日损意味着悬置已有的名言系统,以日损为把握道的前提,彰显的便是道与日常名言的逻辑距离。庄子对可言与不可言作了区分:"可以言论者,物之粗也;可以意致者,物之精也。言之所不能论,意之所不能察致者,不期精粗焉。"(《庄子·秋水》)所谓不可以言论、不能以意致者,也就是形而上之道。在庄子看来,道

---

① 当然,这并不是说,孟子完全未注意名言的辨析(事实上,他在战国时即有好辨之名,这种"辨"便包括名言的辨析),但就对道的态度而言,孟子所重更在自得而居之。

是无界限的整体,言则有所分,"道未始有封,言未始有常"(《庄子·齐物论》),因而一般名言难以达到道。儒道之外,佛家亦涉及第一因与名言的关系。较之印度佛教之注重名相的辨析,中国的禅宗更多地倾向于对名言的消解。自慧能以后,禅宗往以顿悟为成佛的主要途径,并由此主张"不立文字",其机锋、棒喝都表现了一种非名言的悟道方式。

以上二重路向当然是一种分析的说法,每一哲学家或哲学流派本身亦有多重性,但在主要倾向上确乎呈现出各自的特点。从总的思维趋向看,王阳明在名言与道的关系上,无疑明显地认同了对道的非名言把握方式。当然,王阳明以心立说,道体的规定逻辑地关联着心体。作为心学系统的展开,道的体认更多地指向成就德性,得道、悟道则具体表现为化道体为境界。在此,道的超名言维度取得了道与个体存在为一的形式。

通过自悟而化道体为境界,最终总是落实于主体的在世过程。以名言论析道,可以在思辨的层面展开,亦即以言说为其方式,但道与个体存在的合一,则须通过存在过程本身来确证。道作为统一性原理,同时也构成了一种超越的理念,所谓万物与我为一,便可视为道的理念内化于主体意识而达到的境界。这种境界使人超越了个体的小我,形成为天地立心、为生民立命的浩然胸怀。作为一种真实的境界,与道合一并不仅仅表现为精神上的受用,它要求通过身体力行而展现于外。正是在此意义上,王阳明一再强调:"人须在事上磨炼做功夫,乃有益。"(《传习录》下,《全集》,第92页)所谓知行合一，同时也意味着内在的境界与外在的践行之统一。总之，主体与道的关系，既非体现为思辨的论析，也非停留于消极的沉默，同样亦非限于精神的受用。化道为境界与境界外化为践行是一个统一的过程。

一般而言，对道（统一性原理及发展原理）的认识往往具有世界观的意义，作为世界观，它并不仅仅以名言辨析的方式存在，也非单纯地表现为一种对象意识。对世界的一般看法总是同时融合于主体意识之中，并在这一过程中逐渐凝结为智慧之境。智慧之境不同于以一般名言所表达的知识，它蕴含着其自身多方面的内容。首先是以道观之。在经验领域中，认识往往注重分别，并相应地容易执着于一偏之见。智慧之境则以无对扬弃了对待，以道的观点（全面的观点）超越了经验领域的分别。在此，境界已具体化为主体认识世界的一种立场和态度，而这种立场与态度又构成了克服一偏之见，达到辩证综合的内在条件。在善的追求中，智慧之境以从心所欲不逾矩为其表现形式。从心所欲意味着出于内在意愿，不逾矩则是合乎理性规范；二者的统一，使主体超越人为努力而达到了从容中道的境界。在这种精神境界中，人的行为不再出于勉强或强制，而是以不思而得，不勉而中为其特征，后者也就是道德领域中的自由之境。人的境界当然不限于向善，它同时指向审美之域。就后一领域而言，智慧之境展开为一种合目的性与合规律性相统一的意境。合目的性的内在意蕴是化自在之物为为我之物，合规律性则意味着自然的人化不能隔绝于人的自然化。人的本质力量与天地之美相互交融,内化为主体的审美境界,后者又为美的创造和美的观照提供了内在之源。可以看到,作为与人的存在合一的境界,智慧之境并不是一种抽象的精神形态,也没有任何神秘之处,它之与人同在,即"在"主体以道观之的求真过程、从心所欲不逾矩的向善过程、合目的性与合规律性相统一的审美过程之中。总之,主体的存在融合了其境界,境界本身又在主体现实地、历史地"在"中得到确证。王阳明关于道与境界的看法无疑包含了不少心学的思辨,但他肯定对道的体认不同于一般的名言知识,要求将道的体认与个体存在加以融合,并把化道体为境界与化境界为践行联系起来,则似乎并非毫无所见。

三、"说"与"在"

语言与存在的关系是哲学家很早就开始关注的问题,在现代哲学中,语言进一步成为哲学的中心问题之一。尽管对语言的考察有分析哲学、现象学、解释学等不同的路向,但在注重语言这一点上,现代哲学无疑有趋同的一面。

早期维特根斯坦与逻辑实证论对可说与不可说做了严格区分,可说的是分析命题与综合命题,超越于此,则被归入不可说之域。分析命题属重言式,它所断定的主要是概念之间的逻辑关系,综合命题则是对经验事实的陈述,在逻辑与经验事实之外,则是超越于名言的界域。这样,在早期维特根斯坦与逻辑实证论中,所谓存在主要便被理解为先天的逻辑与后天的经验事实,对这种存在能否以语言加以把握的问题,他们作了相当肯定的回答。后期维特根斯坦与日常语言哲学的兴趣之点诚然由语言的理想形态转向语言的既成形态,并开始注意到语言的多重形式,但在消解形而上的本体这一基本点上,分析哲学的前(早期维特根斯坦与逻辑实证论等)后(后期维特根斯坦及日常语言哲学)形态却表现了相近的立场。

分析哲学通过划界而否定了超验的本体,但它本身却并未放弃对本体的承诺。事实上,在拒斥形而上的本体的同时,它又在相当程度上将语言提升为本体。它所理解的唯一存在,便是语言中的存在,世界往往相应地被分解为某种语言的结构。与这一基本格局相一致,存在的问题似乎在某种意义上被转换为言说的问题。在与人的存在相关联的价值领域,化存在为言说的倾向表现得尤为明显。以人在道德关系中的存在而言,分析的道德哲学(所谓元伦理学)已完全悬置了对现实的道德关系与道德行为等等的研究,而转向了道德范畴的语义分析,换言之,"在"已让位于"说"。①

相对于分析哲学,王阳明的心学似乎表现了不同的思路:较之前者之注重"说",后者更多地强调"在"。马克思曾将人们把握世界的方式概括为四种,其中既包括理论思维的方式,亦包括实践精神的方式。(《1857—1859 经济学手稿》,《马克思恩格斯全集》第 46

---

① 后期维特根斯坦虽然将语言游戏与生活形式联系起来,但生活形式的引入,仍指向语言意义的把握,就此而言,以生活形式为语言游戏的背景,并未离开广义的"说"。

卷(上),人民出版社,1979年,第39页)作为把握世界的方式,实践精神不同于对世界的外在观照,也有别于对语言中的存在的逻辑分析,它在本质上乃是以人自身的"在"来把握存在。在实践精神的形式中,对世界的领悟已化为人的精神境界,并与主体自身的在世过程融合为一。如果说,"说"是以说与所说相互对峙的方式来把握世界,那么,"在"则将世界对人所呈现的意义与人自身的存在沟通起来;对存在意义的把握,通过人自身的"在"的状态(包括行为)而得到确证。王阳明把对道的体认理解为一个由自悟而提升内在的境界,并进而化境界为践行的过程,这种以"在"来把握世界的进路,似乎接近于实践精神的方式。

分析哲学的"说",主要指向语言中的存在,王阳明所注重的"在",则首先关联着本体世界。在"说"与"在"的不同侧重之后,是对存在的不同方面的关注。分析哲学将哲学的终极思考限定于语言中的存在,固然不同于传统的形而上学,但并没有完全告别形而上学:在拒斥了思辨的形而上学之后,它本身又走向了分析的形而上学或斯特劳森所谓"描述的形而上学"(descriptive metaphysics)。这种形而上学在关注语言本体的同时,往往忽视了以实践精神的方式把握世界,并在某种意义上遗忘人自身的存在。相对而言,以现象学为理论源头之一的存在主义,则较多地将存在的考察与人自身的存在联系起来。海德格尔把存在规定为此在,此在不同于超验的对象,也有别于语言中的存在,它所表示的,乃是人在时间中展开的存在形式。存在主义对"在"的这种注重,与王阳明心学无疑有相通之处：二者都要求超越对人的存在的遗忘。

不过，海德格尔在追寻"在"的同时，并没有放弃"说"。在他看来，"语言是存在的家，人即居住于这个家"(《人道主义书简》，*Basic Writing*，London，1993，p. 217)。这里包含多重含义，从言说的角度看，其内在的意蕴即是存在可以进入语言之中，换言之，语言可以把握存在。事实上，海德格尔一再肯定，语言具有敞开存在的作用："唯有语言才第一次将作为存在的存在敞开。"(《艺术作品的起源》，*Basic Writing*，London，1993，p. 198)以语言敞开存在，蕴含着以理论地"说"来把握存在之意，在此，"在"并不排斥"说"。当然，在现代哲学中，对存在的言说不仅所说(言说的对象)各有不同，而且言说的形式也往往彼此相异，如果说，分析哲学的言说可以视为逻辑地说，那么，海德格尔的言说则带有思辨地说的特点。但是，不管是逻辑地说，还是思辨地说，在广义上都表现为以理论思维的方式把握世界。相形之下，王阳明在注重以实践精神的方式把握世界的同时，又强调本体"说不得""不可言"，未免忽视了理论思维这种把握存在的方式。

哲学总是要追问终极的存在，这种追问往往引向对统一性原理和发展原理(所谓道)的探求，引向智慧之境。道与智慧之境确乎有超越一般名言的一面，但又并非完全隔绝于名言。存在的追寻固然不能离开人自身的存在及其历史实践，并相应地不能仅仅停留于言说的层面，但存在又须以名言来敞开、以概念系统来把握。逻辑地说与思辨说无疑都有自身的片面性，单纯地以此为进路显然难以真正达到存在,然而,由此而拒绝名言的辨析,则将导致存在与名言的分离。事实上,以名言为工具的理解,与主体本身的存在并非彼此隔绝。伽达默尔已注意到此:"理解不仅是主体的各种可能的行为,而且是此在本身的存在方式。"(《真理与方法》,伦敦,1979,pxviii)"说"与"在"、理论思维的方式与实践精神的方式之间,应当由对峙走向统一。存在与名言关系的以上维度,似乎基本上在王阳明的视野之外。

"说"不仅仅涉及主体,它总是逻辑地指向主体之间;对"说"的肯定,同时亦蕴含了对主体间讨论、对话的关注。后期维特根斯坦提出语言游戏说,认为语言的意义唯有在共同体的运用中才敞开,而语言在共同体中的运用,便离不开主体间的交往、讨论。科学哲学强调科学认识(包括观察陈述)应当具有主体间的可传递性,新的理论的提出,必须接受科学家共同体的评判,回应不同意见的诘难,这种批评与回应的过程,也就是科学家共同体的讨论过程。在哲学解释学中,对话与讨论同样被提到突出的地位。伽达默尔指出:"我赞成的真理是这样的,这种真理只有通过你才对我成为可见的,而且只有靠着我让自己被告诉些什么才成为可见。"(《真理与方法》,伦敦,1979,pxviii)质言之,真理唯有通过主体间的讨论才能达到。按伽达默尔的看法,即使解读本文,也并不仅仅表现为个体的独语,而是展开为读者与作者不断"对话"的过程。

在哈贝马斯的交往理论中,主体间的讨论、对话得到了更多的考察。哈贝马斯将主体与对象的关系与主体与主体的关系区分开来，认为主体之间应当通过讨论、对话,达到相互理解和沟通。这种讨论、对话展开于不同的领域,并相应地有不同的方式。在科学研究中,它表现为科学家共同体中的相互批评与争论①,在道德领域,它表现为以对话伦理取代康德的绝对命令。哈贝马斯特别从形式的角度对合理的道德决定的程序作了规定,强调每一个有理性的社会成员都有权利参与道德讨论,每一参与者都有权利发表自己的意见,只有通过这种讨论和对话,才能达到道德上的一致和共识。尽管哈贝马斯的交往理论包含了不少理想化的色彩,他的伦理学所关注的,亦主要是形式的层面(即为道德决定规定一种形式的程序);②而且,在突出主体间关系的内在性的同时,他对主体间关系的外在性也未免有所忽视③,但哈贝马斯从普遍语用学的层面,考察了主体间讨论、对话在交往过程中的意义,无疑注意到了名言与存在、名言与主体关系的一个重要方面。

较之现代哲学由语言的重视而关注主体间对话、讨论,王阳明的心学显然表现了不同的趋向。从成圣的理想出发,王阳明更为感兴趣的是如何成就自我的德性,所谓化道体为境界,其逻辑指向同样是成己与成圣。与这一终极的追求相联系,王阳明强调本体"不可言""说不得",亦多少以主体的自悟压倒了主体间的辨析。事实

---

① M. Welbourne: *The Community of knowledge*, Aberdeen University Press, 1986.

② J. Habermas: *Moral Consciousness and Communicative Action*, Polity press, 1990, p. 221.

③ 参阅杨国荣:《主体间关系论纲》,载《学术月刊》1995年第11期。

上,王阳明要求由"说"走向"在",确乎表现出对主体间的讨论、对话的某种漠视。这种致思倾向当然可以溯源于儒学注重内省的传统,但同时亦与心学融理于心的逻辑进路相联系。

从逻辑上看,语言的运用往往表现为二重形式,即独语(独白)与对话(包括讨论)。当然,这是一种分析的说法,在语言的现实运用过程中,这二者常常又是相互交错的。在主体的思维过程中,主体对语言的运用更多地取得了独语的形式,但其中同样亦已渗入了对话:在对不同的思路、观点的选择、评判中,往往亦交织着二个"我"的无声对话;在主体间不同意见的争论中,对话无疑成为主要形式,但其中亦包含了主体的沉思和独语。就道德领域而言,道德决定首先以自律的形式表现了主体的独语,然而,这种决定同时又不仅在主体之中蕴含着 G. H. 米德所谓自我(I)与客我(me)之间的对话,而且在主体间关联着不同观点的讨论。消解主体的独语,往往容易将主体引向为他的存在,并使之趋于对象化;忽视主体间的讨论和对话,则蕴含着二重逻辑路向:就认识论的维度而言,拒绝不同意见的讨论,总是难以避免独断论的归宿;从道德领域看,悬置讨论和对话,则易于导致过分强化自我的内省和体验,并使道德意识趋于神秘化。王阳明在肯定主体自悟(独语)的同时,对主体间的讨论和对话无疑有所弱化,后者亦折射出他对道德境界的理解:由强调境界与主体存在的不可分离,王阳明多少忽视了境界可以用名言来表达和辨析的一面。从这方面看,对"说"的消解,确乎使王阳明在本体与境界的规定上都未能完全摆脱玄秘之维。

第九讲

心学与晚明思想

一、泰州学派
二、童心说与个体原则
三、性体的回归
四、致良知说的展开
五、东林学派与心学

第九讲 心学与晚明思想

王阳明心学形成之后,便产生了日渐扩大的影响。据《年谱》记载,王阳明晚年讲学,学生常多达数百人,无处可住,便借居附近的寺院,往往数十人合住一室,早晚都可听到弦歌诵读之声,其规模盛极一时。宋明时期虽然书院教育较为发达,但私人讲学有如此盛况,记载似乎并不多,从中亦不难想见当年王阳明心学影响之广。这种影响当然并不限于王阳明在世之时,事实上,心学在明中叶以后很快成为一代思潮,并向不同的方向衍化。

黄宗羲在《明儒学案》中,曾根据王阳明弟子的不同分布,将王门后学区分为浙中王门、江右王门、南中王门、楚中王门、北方王门、粤闽王门等系统。不过,这种划分更多地着眼于王门的地域流播,而并非以思想的分野为准则。从心学发展的内在脉络看,应当注意的首先是王门后学对心与理、心体与性体、本体与工夫的不同理解和发挥,以及由此产生的分化演变。

一、泰州学派

王阳明以良知立说。良知既不同于普遍之理,又有别于个体之心,其内在特点表现为心与理的融合,所谓"心即理",便可以看作是这一内涵的概述。从逻辑上看,心与理的合一蕴含着二重衍化方向:其一,普遍之理还原为个体之心,或以心说理;其二,个体之心还原为普遍之理,或以理说心。前一衍化方向在泰州学派及李贽那里得到了较为具体的展现。泰州学派提出意为心之主宰,将个体之意视为第一原理,李贽(1527—1602)则化良知为童心。童心不同于良知的主要之点,即在于它完全呈现为自我的本然之心(初心),而不再以义理"主其(童心)内",它在某种意义上可以看作是以心为理。心与理的关系逻辑地关联着心性之辨,理作为内在本体,往往取得了性体的形式。泰州学派以意主宰心,李贽以童心转换良知,同时亦意味着展开并强化心体内含的个体之维。与晚明王学的以上演进方向不同,在心与理的合一中,刘宗周(1578—1645)更多地注重于普遍之理这一维度,其论学之旨表现为向性体的某种回归。

泰州学派是王门后学中较有影响的一个学派,其思想趋向颇异于正统儒学,也许正是有鉴于此,黄宗羲在《明儒学案》中将泰州移出王门,另立学案。不过,尽管泰州学派已非正统儒学所能范围,但无论就师承关系或思想的逻辑脉络而言,它无疑都应列入王门后学。泰州学派的创始人为王艮(1483—1541)。王艮是王阳明所器重的弟子之一,而其师从王阳明的经过也颇具传奇色彩。当时王阳明尚在南昌,泰州人王银身穿古服,头戴古帽,手执木简,以两首诗为贽,求见王阳明。王阳明见状有些惊异,问他:所戴何冠?王银回答说:有虞氏之冠。又问:所衣何服?答曰:老莱子之服。接着二人论辩良久,王银叹服,下拜自称弟子。回来后又重新思考,似有不合。第二天再次入见王阳明,又往返辩难,终于诚服。王阳明对其他门人说:我以前平定宁王叛乱,一无所动,现在却为此人所动(《明儒学案》,卷三二)王银后改名为艮。王阳明归越后,王艮亦追随左右,而他后来所创的泰州学派,则成为王门后学中重要的一系。王艮的及门弟子有其族弟王栋、其子王襞等,而罗汝芳、周汝登等则是泰州后学中较为重要的人物。

王艮为人很有个性,其入门经过,便颇具象征性:以古服古冠见王阳明,并往返辩难。这虽略有矫饰之嫌,但亦表现了独立特行的行为取向。这种个性背景使王艮在入王阳明之门后,十分自然地深契于心学的个体性原则,而泰州的后学亦大致循沿了这一思路。

王阳明曾提出成己之说,对成就自我予以相当的关注。以此为前提,王艮进而提出保身论:"知保身者则必爱身如宝。"(《王心斋先生遗集》卷一,以下引该书,简称《心斋集》)从宽泛的意义上看,保身表现的是对自我的认同和肯定。值得注意的是,王艮在此将自我的认同与肯定和身联系起来。按其实质,"身"与普遍的本质相对,而更多地表征着人的个体存在,在保身的意义上讲自我的认同,意味着对个体存在的注重。王艮从身的角度讲自我,显然不同于以普遍本质规定"我"。对个体存在的这种关注,同时又与肯定自我的作用相联系。

保身在狭义上是对自我存在的维护,按王艮之见,自我的存在是否得到维护,与他人是否爱我相关,而他人之爱我与否,则取决于我是否以仁道的原则对待他人。这样,个体存在是否得到维护,归根到底便由自我本身所决定。正是基于这一观点,王艮主张求诸己而不怨天尤人:"故君子反求诸其身,上不怨天,下不尤人。"(同上)此处之天与人,泛指自我之外的对象,不怨天尤人而求诸己,意味着个体的命运并不是由外在的力量所主宰,而完全受制于自我本身。一般而论,自主性或自我的选择功能往往与意志的品格相联系,王艮从自我与对象(他人及广义的外部对象)的关系上肯定个体的作用,并赋予个体以自主功能,亦相应地突出了自我之中的意志规定。

求诸己主要指向维护个体存在,由此,王艮又将自我视为万物之本,而以天地万物为末。这样,自我不仅是自身的主宰,而且构成了天地万物所以存在的根据。我既为天下之本,则万物皆依于我:"知修身是天下国家之本,则以天地万物依于己,不以己依于天地万物。"(同上)王阳明曾提出了"天地无人的良知,亦不可为天地矣"之说,王艮的万物依于己论与之颇有类似之处。不过,王阳明主要着眼于意义世界的构成,同时,这种意义关系又展开为天人之间的一体无对,从天与人的统一来说,我对天地万物也具有依存性。相形之下,王艮则在肯定天地万物依于己的同时,又强调"不以己依于天地万物",从而将天人之间的无对,理解为自我对非我(天地万物)的单向决定。

自我与万物的这种关系,也体现于社会领域。在著名的淮南格物说中,王艮对此做了进一步的发挥。在王艮看来,自我之身犹如"矩",而天下国家好比是"方",以矩去衡量方,则可以知道,矩不正则方也不正。正如只有纠正了作为标准的"矩",才能获得方之形一样,要使天下国家得到治理,也首先必须安身(同上)。

以自我之身为矩而正天下国家,意味着将自我视为决定天下兴衰治乱的终极力量。值得注意的是,王艮在这里仍以身说自我,从而使自我不同于抽象的理性主体。作为自主的决定者,自我之身在某种意义上表现为行动中的意志或意志的化身。

与提升自我的作用相应,王艮对自我与命的关系做了新的界定:"我命虽在天,造命却由我。"(同上,卷二)命在中国哲学中是一个较为复杂的观念,如果剔除其宗教色彩,则它含有必然性的意义。不过,在命的形式下,必然性带有某种神秘的意味。从狭义上看,我命在天源于孔子生死有命之说,意谓个体的生死均有定数;在宽泛之义上,命在天则意味着表现为必然性的命外在于自我而存在。就后一意义而言,"在天""由我"意味着必然之命虽然外在于我,但最终又为自我所主宰和支配。王艮的后学罗汝芳进而从吾身与道的关系上,对此作了发挥:"此身才立,而天下之道即现;此身才动,而天下之道即运。"(《罗近溪先生语要》)相对于命,道具有普遍规律之意;身立则道运,意味着普遍规律受制于自我。从造命由我到运道由我，自我的决定作用展开于自我与非我关系的各个方面。

如果说，王艮主要由提升个体存在出发，进而从外部必然性的关系上强调造命由我，那么，泰州学派的另一代表人物王栋则更多地从心与意的关系上，突出了个体存在的非理性之维。王栋首先赋予意以定向的功能(《王一庵先生遗集》卷一，以下引该书，简称《一庵集》)。定向表现为一种专一的趋向，这种具有定向功能的意，不同于泛然之意："且予所谓意，犹主意，非是泛然各立一意。"(同上)与泛然相对的"主"，含有自主之意，在"意"之前冠以"主"，旨在强调意具有自主的品格。综合起来，意在王栋那里表现为专一(定向)与自主的统一，它的内涵大致与王阳明所说的"志"相当。事实上，王栋本人便已对二者作了沟通："志有定向，亦是说主宰定也。志与意岂相远哉?"(同上)不难看出，这种与定向之志相通的意，已接近于意志的范畴。

作为专一(定向)与自主之统一的意，又称"独"，它具有"自作主张，自裁自化"的功能(同上)。自作主张，自裁自化，亦即意的自我选择、自我决定，它可以视为意之自主品格的具体化。王栋在此将自作主张与"独"联系起来，显然颇可玩味。"独"既有空所依傍，自我决定(独立决定)之意，又有隔绝于其他意识现象之意。从逻辑上说，把意规定为独，即意味着否定意志之外的因素(如理性)对意志的制约。王栋对此并不讳言，以为应当从意之中剔除"见闻才识"及"情感利害"等因素(同上)。

见闻才识泛指感性知觉与理性思维，情感利害则与价值评价相联系。从作用方式看,意志的选择与决定往往并不直接表现为理性推论或功利考虑的结果,其中确实包含着某些非理性的因素,王栋认为意不倚见闻才识,无疑有见于此。不过,意志的活动非见闻才识与功利评判的直接产物,并不意味着二者毫无联系。就现实的过程而言,意志的选择与决定,总是以不同的形式关联着对必然之理(真)的认识与价值关系(善)的评价。王栋强调意志活动不能搀以任何见闻才识之知、情感利害之便,不免以意志的自主,排斥了事实认识与价值评价对意志的调节。意志一旦摆脱了理性的制约,便往往衍化为独立不倚、绝对自由的精神力量。这里已表现出某种唯意志论的倾向。

独是对意的内在规定。就意与心的关系言,王栋更为注重的是意的主宰含义:"盖自身之主宰而言谓之心,自心之主宰而言谓之意。"(同上)这里涉及二重关系,即身与心、心与意。与身相对的心,泛指主体的意识或精神;与心相对的意,则指作为专一与自主相统一的意志。就身与心的关系言,身(Body)为心(Mind)所支配;就心与意的关系而言,意志主宰着主体的意识(包括理性)。王栋将意比作太极,意味着赋予意以超越的性质。在太极的形式下,主意之"主"获得了新的含义:它开始由自作主张进而主宰主体精神。

从王艮的造命由我论到王栋的意为心之主宰论,泰州学派将自我视为第一原理,并以个体之意的统摄,消解了普遍的理性对意志活动的制约。这一理论展开过程以王阳明心学为出发点,同时又对其中内含的个体性原则作了单向的引申和强化,从而表现出某种唯意志论的倾向。黄宗羲曾对泰州学派有过如下评价："泰州（王艮—引者）之后，其人多能以赤手搏龙蛇，传至颜山农、何心隐一派，遂复非名教所能羁络矣。……诸公掀翻天地，前不见有古人，后不见有来者。释氏一棒一喝、当机横行，放下柱杖，便如愚人一般。诸公赤身担当，无有放下时节，故其害如是。"（《明儒学案》卷三二）这里所说的名教，泛指普遍的理性规范，不为名教所羁络，意味着超乎理性规范的约束。离开对必然之理与当然之则的把握而突出个体之意的作用，往往很难避免盲目的意志冲动，所谓掀翻天地、赤身担当，确乎表现了某种非理性的意志力量。

泰州学派对个体之意的注重，在某些方面似乎近于突出自心的禅宗，二者在形式上的这种相近，使泰州学派常常受"狂禅"之讥。不过，稍作分析便不难看到，尽管二者存在某些相近之处，但其深层的理论走向却呈现不同特点。禅宗将自心与顿悟联系起来，以为一旦自悟本心，即可达到"触类是道而任心"（《圆觉经大疏钞》卷三下），它所追求的，是通过直觉而由迷到悟，以实现即世而出世，其中既表现出直觉主义的倾向，又包含着对既成秩序的变相认同。与之相异，泰州学派把意志的力量与主体对天地万物的作用联系起来，要求"合下便在裁成天地、辅相万物上用功"（《一庵集》卷一）。在泰州学派看来，主体不同于草木禽兽之处，即在于具有以意为主宰的能动意识，正是这种能动力量，决定了主体能制山川草木禽兽而用之。这种观点强调的不是"触类是道"，而是"弘道"，它在某种意义上以意志主义的形式高扬了主体的能动作用。

泰州学派由强调个体之意而将心学引向意志主义，无疑有其理论上的问题。黑格尔曾对意志的作用作过分析，他把离开理性制约的抽象意志称为否定的意志，并认为："当它转向现实应用时，它在政治和宗教方面的形态就会变为破坏一切社会秩序的狂热。"(《法哲学原理》，商务印书馆，1982年，第14页)在必然之理之外片面地强化个体之意的作用，确乎容易使之衍化为一种破坏的力量。尽管泰州学派并没有与现实的政治或宗教力量结合起来，从而亦未对社会秩序形成实际的冲击，但从逻辑上看，它强调造命由我、意为主宰进而主张"纵横任我"(罗汝芳)，无疑包含着掀翻天地的破坏趋向。

不过，历史地看，泰州学派以弘乎无为之道取代禅宗的触类是道，同时又具有另一种意义。自汉以后，儒家思想逐渐成为中国文化的主流。虽然儒家并不否定主体在成己等方面的作用，但尊天命、畏天命始终是其主导的观念，后者随着儒学的衍化而渐渐取得了宿命论的形式。在正统理学中，这种宿命论倾向得到了进一步的发展。正统理学将当然之则形而上化为必然之理，以天理的宰制勾销了自我的选择和决定，使主体的行为带上了命定的性质。在这种理论背景下，泰州学派肯定主体并不是消极地顺从天命，而是具有铺张显设、弘乎道体的能力，无疑表现了对传统宿命论的某种挑战。王阳明曾提出"从心所欲不逾矩，只是志到熟处"(《传习录》上)，并由此肯定行为应当是遵循理性规范与合乎内在意愿的统一。对个体意愿的这种注重，已从道德实践的角度，超越了正统理学以天理为定命的视域。泰州学派在某种意义上沿着如上思路，以更极端的方式,对天命至上、天理至尊的正统观念作了进一步的冲击。从这方面看,泰州学派之"非复名教所能羁络",又自有其独特的历史意蕴。

二、童心说与个体原则

泰州学派对心学之个体向度的强化,在李贽那里得到了某种折射。不过,较之泰州学派由肯定个体存在(保身),进而着重转向存在的非理性之维(意),李贽的关注重心,始终不离个体存在本身。

李贽,原姓林,名载贽,中举人后改姓李,后又因避明穆宗之讳而易名贽;号卓吾,又号宏甫、温陵居士、思斋居士等,泉州人。其祖先曾出洋经商,父为塾师。1552年中举人。曾任南京国子监博士、南京刑部员外郎、云南姚安知府。五十四岁后,辞官隐居湖北麻城,专意于著述讲学。1602年明神宗以"敢倡乱道,惑世诬民"的罪名,下诏将其收监。在狱中,以剃刀自刎而死。

李贽曾师事王艮之子王襞,并数次问学于王艮的再传弟子罗汝芳,在师承关系上,与王阳明的心学存在难以割断的联系。李贽对泰州王学尤为推崇,曾评曰:"当时阳明先生门徒遍天下,独有心斋(王艮——引者)为最英灵。"(《为黄安二上人》,《焚书》,卷二)与泰州学派相近,李贽着重发挥的,是心学内含的个体性原则。当然,二者的理论走向又各有特点。

王阳明以心立说,对心体的这种注重,明显地影响了李贽。在李贽的童心说中,便不难看到此点:"夫童心者,真心也。"(《童心说》,《焚书》,卷三)作为最初的一念,童心既有本然之意,又有先天之意。在以先天之心为体系的逻辑出发点上,李贽与王阳明无疑有相通之处。不过,如前所述,王阳明辨析心性,旨在解决内圣之境如何可能的问题,他所重建的心体,同时亦被视为成圣的内在根据。与之相联系,在王阳明那里,心体既包含个体性的规定,又以普遍之理为其内容。较之王阳明,李贽表现的是另一种思路,对李贽来说,第一等事并不是个体如何成圣,而是个体如何存在;童心首先不是成圣的根据,而是存在的根据。

在李贽看来,童心首先区别于"闻见道理",与童心相对的见闻道理,主要不是认识论意义上的感性之知和理性之知,它首先以义理为根据(来源于义理)。义理作为普遍的规范,更多地表征着人的本质。正统的意识形态要求以义理"主其内",其中强调的是普遍本质对个体的一种外在决定。在李贽看来,童心是个体本真存在的根据,童心的失落,意味着失却本真的存在:"若失却童心,便失却真心,失却真心,便失却真人。"(同上)所谓初心、真心,强调的是个体的本真存在对超验本质的优先性。不难看出,在以童心拒斥义理的背后,是对个体本真存在的维护。

注重个体的本真存在,逻辑地蕴含着肯定个体存在的价值。从童心说出发,李贽提出了一人自有一人之用论:"夫天生一人,自有一人之用。"(《焚书》卷一)"用"在广义上属价值论的范畴,在李贽的时代,孔子往往被视为理想的人格模式,这种人格模式同时表现为普遍义理的化身。正统的意识形态要求以孔子为理想的标准(取足于孔子),意味着以普遍的道德理念来塑造自我。在此形式下,个体的价值仅仅表现为对抽象义理的认同;与此相对,李贽提出一人自有一人之用,则肯定了每一个体都有自身的内在价值。正是由此出发,李贽进而提出了自立自安的要求。这里表现的,是对个体尊严的高度重视:自我若不能挺立,则无以面对个体存在于其间的世界。雅各布·布哈克特曾指出:在中世纪,"人类只是作为一个种族、党派、家族或社团中的一员——只是通过某些一般的范畴而意识到自己",而到了文艺复兴时期,"人成了精神的个体,并且也这样来认识自己"(《意大利文艺复兴时期的文化》,商务印书馆,1981年,第125页)。李贽生活的晚明,固然还没有达到文艺复兴这样的时期,但他突出"一人",强调自立,却显然有别于通过"天理"等一般范畴来规定个体的正统观念,它由注重存在而强调个体之维,在某种意义上表现为一种超前意识。

与主张自立相联系,李贽提出了不庇于人的要求。他对当时庇于人(即求人庇护)的普遍现状深为不满:"今之人,皆受庇于人者也。"(《焚书》卷一)从历史的层面看,与自然经济相应的往往是人对人的依赖性,而这种依赖性又常常以宗法等级关系的形式而展开;所谓庇于人,即表现了宗法等级关系对个体的限制。就形而上的意义而言,宗法等级与自我的关系呈现为类与个体的关系,在其背后,则是类的本质与个体存在的对峙,这一意义上的庇于人,同时即意味着类的本质对个体存在的消解。在李贽看来,个体一旦沦于异己的关系而失去其独立性,则势必导致自身价值的贬落:"若徒庇于人,终身无有见识力量矣。"(同上)从肯定个体(一人)之用,到要求不庇于人,存在的个体之维既获得了较为具体的历史内容,又进一步在形而上的层面得到定位。

稍作分析,便不难看到李贽的以上看法与王阳明的心学之间的理论联系。如前所述,王阳明的心体与良知不同于正统理学的性体与天理之处,即在于它内在地包含着个体性的规定。以此为逻辑前提,王阳明提出了成己的主张,把德性培养理解为一个自我确认、自我肯定的过程。与成己相联系的是"无所待而兴":王阳明一再将其视为豪杰之士的品格而加以推崇,王阳明心学的如上向度,既在主体间关系上肯定了自我(主体)的价值,又在存在与本质的关系上注意到了个体作为可能的存在这一面。李贽强调一人自有一人之用,无疑上承了心学的以上观念。不过,与心体与良知同时包含对普遍之理的承诺相应,在王阳明那里,成己往往被引向成圣,而存在的理想之境,则常常被理解为向本质的复归。相对于此,李贽则似乎表现出不同的思路。事实上,当李贽以童心转换心体(良知)时,已潜下了他与王阳明不同的思维路向:童心不同于王阳明之心体(良知)的主要之点,便在于它已剔除了普遍之义理。由此出发,李贽对个体的存在给予了更多的关注:从内在的精神本体,到外在的人己关系,存在的个体之维都被提到了至上的地位。

个体的存在并不仅仅是观念领域的事实,它总是展开于现实的主体间关系中。与肯定一人之用相应,李贽主张"贵为己,务自适"。此所谓为己,主要不是道德上的自我实现,而是表现为处理人与人之间关系的一般原则。在贵为己、务自适的形式下,自我似乎已被提升为第一原理。对自我的这种强化,与泰州学派无疑有相通之处。不过,泰州学派主要在必然之道与个体之意的关系上突出自我之维,李贽则着重从主体间关系上强调了自我的至上性。在历史还处于黑暗的中世纪这一特定条件下,李贽的"为己"要求,无疑具有否定漠视个体权利的意义,不过,从个体与群体的关系来看,过分强调为己,亦包含着忽视群体之利的趋向。在李贽的如下论述中,便不难看到这一点:"我以自私自利之心,为自私自利之学,直取自己快当。"(《李温陵集》卷四)如前所述,王阳明曾试图在万物一体的形式下打通人我,从主体走向主体间,尽管其"无我"的立场,最终使个体难以真正获得适当的定位,但其中确乎表现出协调主体间关系的某种自觉。相对于此,李贽将"为己""自利"视为唯一原则,则似乎从主体间回到了主体,或者说,以主体性压倒了主体间性,它在理论上以另一种形式将个体原则与群体原则引向了内在的紧张。

个体的原则体现于内在的性情之域,便具体化为不矫情逆性。展开来看,后者的含义即为:自我在世,应当让情感自然流露而不虚伪地加以掩饰(不矫情),按性之所近加以发展而拒斥外在强加(不逆性),不障蔽自我之童心(不昧心),并在行为中不违逆主体的内在意愿(不抑志)。在李贽看来,如果情积于胸,则可不拘形式,随情渲露。值得注意的是,李贽将内在意愿与情感的表露与"自负"联系起来,这就使不矫情逆性具有了主体的自我肯定、自我确认的意义。个体在性情之域的差异,决定了不可以划一的模式去加以裁剪:"莫不有情,莫不有性,而可以一律求之哉。"(《读律肤说》,《焚书》,卷三)正如为己、自利、自适主要从人我关系上凸显了个体性原则一样,性情不可以一律求通过肯定内在精神世界发展的多样性而展开了同一原则。

相对于正统理学所谓"性其情"及以醇儒之道自律的要求,李贽的以上看法无疑更多地上承了王阳明"随才成就"的主张。当然,在李贽那里,情、志等非理性的方面被提到了更高的地位,个性的自由伸张已开始取代内圣之境的单一追求。李贽对情感世界及多样人格的注重,亦以某种方式影响了晚明文学。与李贽同时代的著名戏剧家汤显祖对李贽即颇为推崇。与李贽一样,汤显祖也将情感之维视为主体存在至关重要的方面:"世总为情。情生诗歌,而行于神。天下之声音笑貌,大小生死,不出乎是。"(《耳伯麻姑游诗序》,同上,卷三十一)这种观点与李贽不矫情逆性之说彼此呼应,构成了汤显祖戏剧创作的基本原则。稍晚于汤显祖的冯梦龙,同样深契于李贽的性情论,并将其运用于文学创作之中。对个体之情的这种肯定与颂扬,当然不仅仅是思辨推绎的产物,它同时折射了市民初起等晚明社会的历史变迁。如果说,性情不可以一律求主要从哲学的层面反映了市民阶层对个性自由的向往,那么,汤显祖、冯梦龙对它的认同,则从文学创作的角度,表达了同样的愿望。就以上意义而言,李贽将心学的个体性原则展开于性情领域,显然又以晚明社会的衍化为其背景。

总起来看,以童心说为本体论前提,李贽将心学的关注重心由成圣转向个体存在。通过突出心体与良知之中的个体性规定并剔除其中的普遍之理,个体的存在开始获得了对普遍本质的优先性,而在"天生一人,自有一人之用""贵为己,务自适"、性情不可以一律求等命题中,个体之维进一步展开于存在的各个向度。这种理论走向既以王阳明的心学为逻辑起点,又非心学所能完全范围,它在提升与强化个体性原则的同时,亦表现出无条件地拒斥普遍之理和普遍本质的倾向。如果说,王阳明重建心体已蕴含了对本质主义的某种偏离,那么,李贽的童心说则更直接地表现为对本质主义的反叛,后者也决定了其思想的异端性质。李贽对存在的关注与个性的呼唤无疑有其历史的合理性,但从理论上看,在如何定位存在与本质、个体性原则与普遍性原则的问题上,其思路又有自身的局限。

三、性体的回归

泰州学派及李贽之后,对心性及与之相关的存在与本质、个体与普遍、意与知等关系作进一步考察的,是刘宗周。刘宗周,山阴(今浙江绍兴)人,字起东,号念台;因讲学蕺山,学者称蕺山先生。万历辛丑进士,官至南京左都御史,南明覆亡后,绝食二十日而卒。

刘宗周曾师从许浮远(敬庵),许虽对泰州王学有所批评,但对王阳明的心学却甚为推重,这种师承关系,使刘宗周一开始便与心学发生了理论上的联系。当然,就思想的形成过程而言,刘宗周对心学的态度也有过几番变化,并有所"辩难";所谓辩难,即可视为对心学的引申、纠偏与重释。刘宗周一生关注的重心,大致不离心性之域。而从心学的衍化看,其思想中值得注意之处,首先亦在心性之学。如果说,泰州学派与李贽从不同侧面对心体内含的个体之维作了引申,那么,刘宗周则更多地注目于心体的普遍性向度,并由此表现出某种回归性体的趋向。

刘宗周对心性的考察,以心的辨析为逻辑前提。心作为一个哲学范畴,其含义较为复杂,刘宗周对心的界说也相应地涉及多重方面。按刘宗周之见,心应当以性为其根据,并与性相合。如果离开性而言心,那么心便仅仅只是一种灵明觉知。灵明觉知是一种理性的能力与活动,它并不涉及具体的内容;性作为理性本体,则不是无内容的空灵之物,它既有其形式义,又有其实质义。就其实质方面说,性总是折射着一定的道德关系,并具体表现为当然之则的内在化。在刘宗周看来,心若抽去性的规定,便只是空灵的能觉,唯有与性合一,心才能获得具体的道德内容,并进而被提升为实质的伦理本体。可以看到,合性而言之心,已超越本然而成为当然的具体形态,这一意义上的心体,实际上无非是性体的另一种表述,而以性说心,则意味着进一步挺立理性本体。

刘宗周的哲学建构以王学为逻辑起点。如前所述,王阳明以良知立说,又以心即理规定良知。心即理内在地蕴含着不同的解释向度,后者具体地体现于晚明王学的衍化过程之中。泰州学派较多地从个体意志的角度展开了"心即理"中个体之心这一维度,李贽的童心说以拒斥义理的方式表现了相近的趋向。理性的过度强化,往往容易导向理性专制主义及本质主义,程朱一系的正统理学在凸显超验之理的同时,便不免表现出如上倾向。在天理人欲、人心道心之类的论辩中,即不难看到此点。就此前提言,个体之心这一维度的展开,无疑具有限制理性专制及本质主义的意义,而从理论上看,它也有助于引导人们注意主体意识的多样性及个体存在的价值。

然而,王门的一些后学在反叛理性专制主义与本质主义的同时,往往对普遍之理与一般的理性规范未能作出适当的定位。王阳明的及门弟子王畿曾提出现成良知说,现成良知以四无说(即心、意、知、物皆无善无恶)为其理论基石。善在理学中有实践理性之意,无善即意味着抽去理性的内容,由此即易导向以本然之情、意为良知。在泰州学派那里,以本然之知为现成之知与注重情、意相融合,逐渐导致了理性规范的架空。李贽更以本然之童心排拒理义,并由此引出了是非无定质,"此是彼非而不相害"的相对主义结论,从而进一步消解了理性本体。前文已提及,黄宗羲曾批评泰州学派"非名教之所能羁络矣",这里的名教,便包括广义的理性规范,在非名教所能羁络的背后,是个体的情意对理性本体的蔑视。这种趋向从理论上看,似乎走向了与理性专制主义相对的另一极端。

刘宗周无疑注意到了晚明王学的这种流变,他曾提出了批评:"今天下争言良知矣。及其弊也,猖狂者参之以情识,而一是皆良。"

(《证学杂解》,《刘子全书》,卷六)情识泛指个体之情及意念,它更多地关联着个体意识中非理性的方面,以情识为良知,是四无说及现成良知说的逻辑引申,与之伴随的是理性本体的失落与非理性的膨胀。刘宗周以性说心,挺立性体,可以看作是对晚明学界如上状况的某种理论回应,其内在的意向则是重建理性本体,恢复理性的尊严。在个体情识压倒理性良知的背景下,刘宗周的这种努力显然具有纠偏的意义:他以相当的历史自觉,将时代的理论注意重心引向了人之为人的普遍本质,表现了对理性与人道的庄严维护。刘宗周曾作《人谱》,立人极,其主题同样指向理性本体及工夫的提升。作为晚明最后一个理学家,刘宗周首先正是以回归理性的呼唤奠立了其历史地位。

然而,刘宗周的以上思路在理论上亦有自身问题。与泰州王学及李贽不同,以性为心着重展开的是"心即理"中普遍之理这一维度。通过挺立性体,刘宗周固然抑制了非理性的僭越,但化心为性的要求,亦表现出将心还原为理的趋向。在以性为心与化心为性的形式下,主体意识中的非理性方面,似乎被消融于理性之中,而理性的主导,则将流于理性的独断。理性表征着人的普遍本质,情、意、欲等非理性的方面则更多地关联着个体存在,当人成为理性的抽象化身时,人的存在便难以获得合理的定位。刘宗周的这一思维走向,在某种意义上似乎由王学向程朱回归,事实上,在心性之辩上,刘宗周晚年对王阳明确有所批评,以为阳明"于性犹未辩也"(《原旨·原学》,《刘子全书》,卷七),联系前文所论便不难看到,这种批评在相当程度上乃是站在程朱立场上所发。如果说,泰州王门通过标立情、意等而冷落了性体,那么,刘宗周以性为心、化心为性则在彰明性体的同时,又多少置心体于虚位。如何圆融地定位理性与非理性、存在与本质的关系,依然是一个理论上的困难问题。

四、致良知说的展开

在王阳明的心学中,与心体的二重内涵相应的,是先天良知(本体)与致知过程(工夫)之辨,后者蕴含了致良知说衍化的不同向度。王门后学中,王畿、泰州学派对先天本体作了多方面的分梳,但由此又将本体等同于现成之知,聂豹、罗洪先等反对以本体为见在,但同时却试图返归寂然未发之体;二者从不同方面展开了良知的先天性之维。与之相异,钱德洪、欧阳德等及明末的东林学者则以后天工夫为关注的重心,从各个侧面对致知过程作了考察。

首先应当一提的是王畿。王畿(1498—1583),字汝中,别号龙溪。嘉靖二年(1523)始从学于王阳明,是王阳明门人中悟性较高者。是时,四方前来问学、受教的人甚多,常常先由王畿及钱德洪疏通王阳明心学的大旨,故有教授师之称。讲学于江、浙等地,年近九十,尚论学不倦。

作为王门的后学,王畿亦以良知立论。在他看来,良知具体表现为先天与明觉的合一,正是这种合一,决定了自我能够在现实的道德实践中"触机而发",亦即基于对良知的先天领悟而作出当下直接的反应。在此,先天性(天之所为)构成了主体明觉的根源,而主体的明觉反过来证实了良知的天赋性。换言之,主体的明觉完全消融于良知的先天性之中。

王畿的以上看法与王阳明显然有所不同。王阳明致良知说的前提之一,是本然之知(先天良知)与明觉之知(对良知的自觉意识)的区分:先天良知最初并未为主体所自觉把握,唯有通过后天的致知过程,才能转化为自觉之知。与之相异,在王畿那里,先天与明觉的合一,开始取代了本然与自觉的区分。作为明觉与本然合一的良知,也就是所谓"现成良知"。

王阳明肯定心与理、本体与工夫的统一,已表现出扬弃本体超验性的趋向,王畿强调先天与明觉的合一,使良知进一步由超越之域走向现实之境。就此而言,王畿以现成说良知,又并没有完全离开王阳明的思路。良知一旦取得现成形态,则其作用方式也相应地向现实靠拢。在主体与外在环境的关系中,主体并不是消极地接受环境作用,而是处于主宰的地位;而这种主宰性的前提则是良知的见在明觉。正是以一念灵明为内在根据,才使主体能够对外在环境中的行为自觉地加以省察,并据此作出判断与抉择,以避免消极地随"境"而转。在此,良知的现成性,构成了自我作为主体而在世的现实前提。

良知作为内在的主体意识,也就是本体。与肯定良知的现成作用相应,在本体与工夫的关系上,王畿反对离本体谈工夫:"外本体而论工夫,谓之二法,二则支矣。"(《王龙溪先生全集》卷九)在本体之外论工夫,既意味着忽视德性培养的内在根据,又将导致偏离本体对成性过程的规范;由此展开工夫,往往繁琐而支蔓。唯有以良知为主,才能有其定向。总起来,本体(良知)与工夫的关系表现为两个方面:其一,本体(良知)作为内在的明觉而直接赋予工夫以自觉的品格;其二,本体(良知)作为见在的意识结构而保证了主体意识的统一性(在不同境遇中始终保持善的向度),后者同时又使主体行为的一致性成为可能。相对于王阳明将良知(本体)的作用与过程联系起来而言,王畿更注重本体与工夫的既成关系。

自我在世,总是处于和社会(环境)的交互作用之中,就道德领域而言,这种作用乃是以主体自觉的道德意识结构为其中介:社会(环境)的诸种因素,只有通过主体在一定阶段所形成的意识结构,才能制约主体的价值评价、道德情感及具体行为,而主体对外部规范的取舍、认同,也总是以现阶段达到的道德意识为根据;正是现实的(既成的)意识结构,从一个方面担保了主体在道德判断与行为上保持恒同。如果忽视了主体意识结构的中介作用,则往往将在理论上导致二重结果:或者如极端的行为主义那样,走向环境宿命论;或者使人格的内在统一难以落实。从这方面看,王畿强调以见在的一念灵明为主宰,反对随境而转及离本体而论工夫,显然不无所见。不妨说,在现成良知的形式下,王畿试图进一步扬弃先天性所蕴含的超验趋向,将良知引向已发的经验之域,并由此突出既成道德意识结构在主体"在"世过程中的作用。

然而,在强调良知的当下性、见在性、既成性的同时,王畿似乎未能完全将良知与日常意识区分开来,而道德本体的普遍性、超越性这一面也因此而难以得到适当的定位。当良知被赋予现成形式,并被等同于其见在作用时,本体亦相应地多少被消融于日常意识。这种理路在某种意义上已接近于禅宗的"以作用为性",而王畿确实也常常受到"近禅"的批评。同时,本体的现成性,也使后天的工夫无从落实。王阳明的另一后学罗洪先(念庵)曾尖锐地指出王畿"终日谈本体,不说工夫"。这种批评,显然并非毫无根据。从理论的内在脉络看,良知的现成性与四无的设定相结合,确实引向了本体对工夫的消解。

与王畿由先天本体走向现成良知不同,王门的另一些后学更多地将注重之点指向了致知工夫。其中,聂豹(双江)与罗洪先(念庵)在反对将良知视为现成(见在)之知的同时,又由强调良知与现成意识的差异而把本体形而上化,并以归寂为致知的工夫,从而或多或少将心学引向了超验的进路。从更广的视域对王阳明的致知过程作发挥的,是欧阳德(南野)、钱德洪(绪山)、邹守益(东廓)、陈九川(明水)等为代表的工夫派以及晚明的东林学者。

按工夫派的看法,良知虽是先天的本体,但其呈现却离不开后天的活动。从本体展开于日用常行的观点出发,工夫派提出了于感应变化中致其知的主张:"故致知者,致其感应变化之知。致其感应变化之知,则必于其感应变化而致之。犹之曰:达其流之水,则必于其水之流而达之。"(欧阳德:《答聂双江》)感应变化之知,亦即展开于道德实践过程中的良知。这里的逻辑前提是:良知尽管是先天的,但唯有在日履过程中才能取得现实的形态;作为致知对象的良知,并非如归寂说所设定的那样,是先天的寂然之体,而是在日履中获得现实形态的良知。要达到这种现实形态的良知,便必须从感应变化(现实作用)的过程入手。在此,工夫派似乎对良知的先天形式与现实形态作了区分,并更多地将良知的现实形态与践履过程联系起来:正是践履过程,赋予良知以现实的形态。这种看法,在某种意义上构成了黄宗羲"心无本体,工夫所至即是本体"说的理论前导。

肯定致知工夫是达到本体的前提,主要从一个侧面表现了工夫与本体的关系。从另一方面看,致知工夫本身又必须以本体为根据:"不知良知之本体,则致知之功未有靠实可据者。"(欧阳德:《答陈明水》)以本体为据,也就是以良知规范致知工夫。就本体与工夫的这一方面而言,本体无疑构成了出发点,其思维趋向表现为由本体说工夫。后者在形式上与现成良知说似乎有相近之处。不过,在形式的相似之后,却蕴含着内在理论旨趣的深刻差异。在现成良知说那里,本体作为既定的、现成的形式而构成了日用常行的起点。与之相对,工夫派之肯定本体对工夫的制约,则以过程论为其理论前提。

从动态的角度看,本体与工夫的关系总是展开为一个不断互动的过程,这一互动过程的具体内容表现为:通过致知工夫而达到对良知的明觉,又以对本体的明觉进一步范导工夫,邹守益曾对此作了简要的概括:"做不得工夫,不合本体;合不得本体,不是工夫。"(《再答聂双江》,《东廓邹先生文集》,卷六)从正面看,做不得工夫,不合本体,也就是由工夫而得本体;合不得本体,不是工夫,则是循本体而更进于知。按工夫派之见,本体与工夫的这种动态统一过程,具有无止境的性质。对本体与工夫关系的这种理解,可以看作是王阳明致知过程论的进一步展开。

心学所谓本体,在某种意义上表现为先验化了的主体意识系统与认识结构(包括道德认识),致知工夫则涉及德性培养及道德认识的过程。从现实的形态看,主体已有的意识结构与德性培养及道德认识本质上展开为一个交互作用的过程:德性培养及道德认识总是以已有的意识结构与认识条件为内在的根据,而并非从虚无出发;另一方面,意识结构本身亦并非凝固不变,它总是随着后天工夫的展开而获得新的内容并不断深化。工夫派将致良知理解为由工夫而悟本体,循本体而更进于知的过程,无疑多少有见于内在的意识结构与道德认识、德性培养的交互作用。当然,工夫派在肯定本体与工夫动态统一的同时,始终没有放弃本体先天性的预设,从而未能在理论上超越心学的思辨。

五、东林学派与心学

东林学派兴起于晚明,其主要代表人物有顾宪成、高攀龙等,因讲学于东林书院,故有东林学派之称。东林学派的学者关心时势,注重经世致用,而其思想又与心学有着历史的联系:东林学派的领衔人物顾宪成便曾师从王阳明的二传弟子,这种师承关系使东林学派亦或多或少受到王阳明心学的影响。

东林学派崛起之时,王畿现成良知说的影响并没有消失。现成良知说的特点在于强调本体而否定工夫,而其结果则往往流于空疏。针对这一偏向,顾宪成批评说:现成良知说所谓本体,是一种离开工夫的虚幻之物;以现成良知为出发点,必然导致否定为善去恶的道德实践。

在批评现成良知说的同时,东林学者对王阳明注重工夫的思想作了引申发挥。顾宪成将王阳明的致良知说与孟子的良知说作了比较,认为王阳明在良知之上加上一个"致"字,其中的含义"最为精密",因为它可以使人们避免走向玄虚。高攀龙也反对"一切求静",强调"学问必须躬行实践,方有益"。即使是读书,也应当一方面思索体认,另一方面反躬实践。值得注意的是,东林学派还将躬行实践与经济实事联系起来,东林合约的内容之一,便是"或商经济实事",亦即讨论经世之事。

以经世为目标,便要求关心社会的治乱,百姓的疾苦。在东林学者看来,一个人既不能仅仅追求升官受爵,也不能一味注重自己的心性修养,而应当以百姓世道为念。这实际上把致知的工夫从日常的道德实践扩展到了治国安民的事业。高攀龙更具体地谈到了这一点,认为即使没有在朝廷担任任何官职("处江湖之远"),也应当处处想到天下之民("随事必为吾民")。在这里,为学的过程既表现为通过治国为民的活动而达到对良知的自觉意识,又表现为通过经世致用而使政治理想得到实现。

东林学者的以上看法显然有其应当瞩目之处。经世实事不同于个体的道德实践,而是表现为一种涉及多重关系的社会活动。作为一种社会性的活动,它本质上处于历史过程之中。当东林学者将学问工夫与经世实事联系起来时,也意味着从社会的活动这一广度去考察工夫与本体的关系。在东林学者以前,王阳明及尔后的工夫派所理解的工夫,主要限于事亲从兄之类的道德实践,而东林学者将学问工夫广义地理解为经世实事,无疑拓展了致知工夫的领域。

东林学者对经世之事的注重,当然并不仅仅是理论演变的逻辑结果,它有着深刻的社会历史根源。中国漫长的封建社会发展到晚明,已开始走向没落。朝政的腐败,土地兼并的加剧,外患的日重,导致了社会矛盾的不断激化,从而使整个社会危机四伏。这种社会现象,引起了东林学者的极大忧虑,并激发了其改良社会的历史使命感,而对空谈本体的批评及经世实事的注重,则可以看作是这种历史使命意识的具体化。

第十讲

明清之际的心学

一、工夫所至即是本体
二、个体与整体之辨

明清之际，历史出现了引人瞩目的变迁。这种变迁不仅表现为朝代的兴亡更迭，而且在更深沉的意义上展开于经济、文化等各个层面。以剧烈的社会震荡为背景，思想家们展开了普遍的历史反省，并对宋明以来，包括王阳明的心学作了深入的考察。一些思想家，如顾炎武、王夫之着重从心学的外部，对心学（特别是心学的末流），作了多方面的批判；另一些思想家则表现为从心学出发而又走出心学，后者之中具有代表性的人物便是黄宗羲。

黄宗羲(1610—1695)，字太冲，号南雷，又号梨州，浙江余姚人。早年师事刘宗周。清兵入关南下后，曾举兵抵抗。明亡，隐居不仕，专意著述。晚年恢复刘宗周的证人书院，并聚徒讲学于该书院。博通天文、历算、乐律、经史、诸子之学。史学上造诣尤深，为清代浙东史学的开创者。章学诚曾指出：黄宗羲"上宗王（阳明）刘（宗周），下开二万（斯同、斯大）"。这一看法并非毫无根据。黄宗羲在从学于刘宗周的同时，也接受了王阳明心学的影响，其思想多方面地上承心学。当然,黄宗羲在入乎心学的同时,又一再地出乎其外,其思想已非心学所能范围。

在心性关系上,黄宗羲提出了性因心而见之说:"性不可见,见之于心。"(《孟子师说》卷二)因心而见性,意味着普遍的本体总是体现于个体之心。以此为前提,黄宗羲对正统理学的性情说颇有异议。情属广义的心的范畴,性情关系可以视为心性关系的具体化。正统理学以性为体,离情(心)言性,由此引向了本体的超验化,所谓"悬空之物",便是这样一种超验的本体。黄宗羲认为性情不可分析,强调的便是普遍之性与个体之心(情)的统一。心性关系上的这种立场似乎不同于刘宗周之向性体的回归,而更接近于王阳明合心与理的思路。不过,在这方面,黄宗羲并没有作更多的发挥。

从心学的演进看,黄宗羲思想中更值得注意的方面,是对工夫与本体关系,及个体与整体关系的阐释和规定。

一、工夫所至即是本体

在黄宗羲那里,心性关系和本体与工夫的关系并非互不相关。由心性关系上肯定性因心而见,黄宗羲进而指出:"心不可见,见之于事。"(同上,卷二)此所谓心,泛指道德本体(心体);"事"则指事亲事兄之事,亦即道德领域的践履工夫。因事而见心,其内在的意蕴便是本体离不开工夫。黄宗羲对真本体与想象的本体作了区分,以为工夫之外的本体只具有想象的意义:"无工夫而言本体,只是想象卜度而已,非真本体也。"(《明儒学案》卷六〇)王阳明曾以先天本体与后天工夫之分为致良知说的前提,不过,在王阳明那里,致知工夫只是达到本体的手段,而并非是本体形成与存在的条件;相形之下,黄宗羲强调无工夫即无真本体,则把工夫理解为本体所以可能的必要前提。这里已表现出逸出心学的趋向。

无工夫则无真本体,着重于将真实的本体与工夫联系起来。由此出发,黄宗羲进而从更普遍的意义上,对本体与工夫的关系作了规定:"心无本体,工夫所至即其本体。"(《明儒学案·序》)心之本体,是心学的先验预设;心无本体,意味着悬置这种先天的本体。如前所述,从内容上看,与工夫相对的本体首先就主体的精神而言,它在广义上泛指主体意识的综合统一体,其具体的内涵则在不同的关系中展开为德性培养的根据、道德认识的内在结构、道德实践的内在规范等等,在黄宗羲看来,精神本体并不是先天的预定,它在本质上形成于后天践履与致知过程,并以这一过程为其存在的方式。在黄宗羲以前,从王阳明到王门的后学,心学在其演进过程中始终没有放弃对本体的先天预设;归寂说将良知理解为寂然未发之体,更表现出本体神秘化的趋向。黄宗羲对心之本体的如上消解,则在扬弃本体先天性的同时,亦避免了本体的凝固化与神秘化。

就其本质而言,精神的本体总是处于不断生成的过程之中,并且唯有在精神活动与实践活动的过程中才具有现实性,离开精神活动与实践活动的过程谈本体，总是很难避免先天的虚构或超验的设定。休谟认为离开了知觉活动即无自我，从一个方面注意到了这一点，黄宗羲肯定心无本体，工夫所至即是本体，同样有见于此。黄宗羲的这一看法可以视为本体与工夫之辨演进的逻辑结果。强调本体与工夫的统一，是心学的基本立场。王阳明提出致良知，肯定本体原无内外，已从不同方面确认了这一原则，王门后学的工夫派认为，做不得工夫，不是本体；合不得本体，不是工夫，则对此作了具体的发挥，后者为黄宗羲提供了更直接的理论先导。不过，无论是王阳明，抑或其后学，在肯定由工夫而得本体的同时，都始终没有放弃对本体的先天预设，与此相应的是工夫的历史性与本体的非历史性之间的紧张。相形之下，黄宗羲将精神活动规定为精神本体的形成条件与存在方式，无疑超越了以上紧张。后者在悬置先天本体的同时，亦开始突破心学之域。

心无本体的观点体现于道德意识与道德实践的关系，便具体化为仁义是虚，事亲从兄是实："盖仁义是虚，事亲从兄是实；仁义不可见，事亲从兄始可见。"（《孟子师说》卷四）仁义在广义上既是普遍的规范，又指作为这种规范内化的道德意识及内在德性，这里主要是就后者而言；事亲从兄则是道德实践。这里的虚实之辨，首先涉及道德意识的形成问题，黄宗羲对此有如下的具体解释：人来到世间，便处于一定的人伦关系（如亲子兄弟之间的家庭亲缘关系），这是一种基本的本体论事实。所谓"不可解之情"，即言其既定性；"此之谓实"，则言其现实性。在这种现实的关系之上，逐渐形成了事亲从兄等道德实践,这种道德实践最初似乎具有率性而行的形式,但它同时又包含实际的工夫。在道德实践的工夫由比较自发到较为自觉的衍化中,仁义礼智等道德意识也随之渐渐萌发和发展,此即所谓"有亲亲,而后有仁之名","有敬长,而后有义之名"(同上)。质言之,有事亲从兄之工夫,才有仁义礼智之本体;作为精神本体的道德意识,形成于道德实践的工夫。

从上述观点出发,黄宗羲对王阳明亦提出了批评:"阳明言,以此纯乎天理之心,发之事父便是孝,不知天理从父母而发,便是仁也。"(《南雷文定五集》卷三)以纯乎天理之心发于事父,是以本体的先天预设为前提的,其侧重之点在于先天本体对后天工夫的作用;天理从父母而发,则将现实的人伦(亲子关系)及由此而形成的道德实践工夫置于更本源的地位。王阳明固然并不否定后天工夫在达到本体中的作用,但这种达到(致)本身又是以所致对象(本体)的既成性(先天性)为前提的,这种预设使王阳明的心学难以完全超越本体与工夫的紧张。黄宗羲对王阳明的以上批评,亦表明他已比较自觉地注意到心学内含的问题。

通过事亲从兄的道德实践而形成仁义等道德意识,更多地着眼于个体。本体与工夫的关系并不限于个体的道德实践,广而言之,它亦指向事功等社会活动,黄宗羲批评当时一些人将"学道与事功判为两途"。此所谓事功,属经世致用的社会实践,它在本质上展开为社会的历史过程;学道则泛指把握普遍的自然法则与社会规范,并进而将其化为主体内在精神本体。这里值得注意的是,黄宗羲将把握道体及化道体为本体的过程与广义的经世过程联系起来,从而使致知工夫由个体的道德践履,进而扩及类(社会)的实践活动。如前所述,晚明的东林学者在强调"学问须躬行实践方有益"的同时,亦已开始将经世活动纳入致知工夫,黄宗羲肯定学道与事功的统一,与东林学者的看法无疑有相通之处。不过,黄宗羲由心无本体讲道无定体,更侧重于本体的过程性:所谓学道与事功非两途,意味着将工夫广义地理解为类的历史过程,并进而从类的历史过程这一角度,来规定精神本体。

对历史过程的这种注重,在黄宗羲的思想史与学术史论中得到了更深刻的体现。黄宗羲在中国思想史上的地位,在相当程度上是由其思想史与学术史的研究而奠立的,他对宋明思想史与学术史的系统总结与研究,在某种意义上具有开创的意义;他对本体与工夫关系的理解与阐释,亦以思想史的反思和总结为其背景:一个基本的事实是,"心无本体,工夫所至即是本体",便是在其主要思想史著作《明儒学案》的自序中明确提出的。

从思想演进的历史过程看,所谓本体,便是指人类的精神发展形态和以真理的形式表现出来的人类认识成果。这一意义上的心无本体,意味着人类精神的发展形态与作为真理的人类认识成果并不具有先天与预定的性质;工夫所至即是本体,则强调这种精神形态与认识成果即形成于类的认识发展过程之中。当然,人类精神的发展形态与认识成果并不是抽象的,它总是通过不同时代的具体探索而积累和展开。就明代而言,其文化精神的发展,便是通过思想家的探索工夫而逐渐体现出来:所谓"竭其心之万殊者,而后成家"(《明儒学案·序》)。正是思想家们的不同探索,构成了类的精神发展史。在此,工夫具体展示为类的认识演进过程。

由"工夫所至即是本体"的观点考察类的认识史,便应当特别注意不同思想家的创造性见解。在《明儒学案·凡例》中,黄宗羲指出:"学问之道,以各人自用得著者为真。"自用得著者,即通过创造性探索而达到的独到见解。以此为前提,黄宗羲进一步肯定了学术探索与思想发展路向的多样性:所谓"其途亦不得不殊"(《明儒学案·序》)。从本体与工夫的关系看,这里确认的是本体的形成与展开离不开工夫;就个体性原则与普遍性原则的关系言,它又表现了对个体性原则的注重。

当然,以自用得著者为真与肯定思想探索的多样性,并不意味着以殊途的工夫排斥对道体的把握。以类的精神发展而论,本体既体现于殊途的探索,又具有内在统一性,黄宗羲以"一本而万殊"对二者的关系作了概括。一本即以道体为内容的精神本体(表现真理的类的认识成果),万殊则是不同的思想家在不同历史时代的独特探索。一方面,类的精神本体即形成并存在于万殊的探索工夫之中,故应注重一偏之见,相反之论;另一方面,万殊又构成了普遍本体的不同方面,犹如百川之归海。质言之,统一的精神本体与多样的探索工夫之间,并不存在紧张与对峙。对人类精神现象的这种理解,在相当程度上已打通了心性之辨内含的个体性与普遍性关系和本体与工夫的关系;它既表现出统一本体与工夫的趋向,又从精神本体的形成与展开这一角度,对个体性原则与普遍性原则作了双重确认。黄宗羲思想的这一逻辑演进路向在某种意义上似乎又回到了王阳明心学的内在主题,当然,这种回归的背后,又蕴含着哲学立场的深刻差异。

二、个体与整体之辨

在黄宗羲以前,李贽提出了"天生一人,自有一人之用"的命题,通过突出个体的价值而对正统的价值观念作了多方面的抨击。李贽的这种异端思想以童心说为其理论前提,而童心说又是通过剔除良知中的普遍天理而形成的,就此而言,李贽对正统价值观念的否定,也可以看作是对王阳明心学的改造。黄宗羲继李贽之后,通过对个体与整体,君主与天下之人等关系的重新思考,进一步突破了王阳明的心学。

明清之际的一个新的历史现象是,商品经济已有了一定的滋长,这种新的社会经济因素同样在黄宗羲那里留下了历史的烙印。黄宗羲对贬抑工商业的传统观念明确提出了异议:"世儒不察,以工商为末,妄议抑之。"(《明夷待访录》)与世儒的观点相对,黄宗羲强调,工与商皆为本。从逻辑上看,既然工商皆本,那么从事工商业的市民要求冲破封建制度的束缚,促进工商业发展的愿望,以及与此相应的观念,也都应当是合理的。这种看法已超越了王阳明鄙弃功利的偏见，而接近李贽的思想。不过，黄宗羲从工商业在整个社会生活中的作用上肯定其地位，由此表现出来的市民意识，具有更为自觉的性质。

从以上观点出发，黄宗羲对人的本性作了考察："有生之初，人各自私也，人各自利也。"（同上）这种自私即本性的论点与李贽也有相通之处。不过，李贽主要把自私视为个人的天赋本性，而黄宗羲所说的"有生之初"，则是人的历史起源，这样，自私也是作为整体的人的本性。根据黄宗羲的看法，君主专制的非正义性，便在于否定了天下之人自利的权利：后世做君主的，常常将天下之利尽归于己，将天下之害尽归于人，使天下之人不敢自私，不敢自利。"向使无君，人各得自私，人各得自利也。"（同上）所谓天下之人，也就是个人的总和，亦即每一个个人；而肯定自私自利的正当性能，则意味着承认每一个主体都有追求和维护自身利益的权利。

值得注意的是，黄宗羲的以上看法没有把自私自利狭隘地归结为一己之利，而是广义地理解为每一个体的利益，这里表现了试图将个体之利与群体（作为个体总和的天下之人）之利统一起来的趋向：从"自私自利"与"人皆得"的联系中，就不难看到这一点。在黄宗羲以前，王阳明通过赋予良知以心和理二重品格而肯定了个体性与普遍性的统一，正是从这一前提出发，王阳明在主张以普遍之理规范个体行为的同时，又注意到了道德；行为应当出于个体的内意愿，从而有别于程朱片面地以普遍天理排斥个体意愿。不过，王阳明在群己关系上，又提出了"无我"的观念，要求个体无条件地服从以君主为象征的整体,与王阳明不同,李贽在以个体原则否定专制主义束缚的同时,又表现出忽视群体利益的倾向,以为己、利己为第一原理,这在理论上显然有其片面性。

黄宗羲对个体之利与天下之利关系的理解,无疑受到了王阳明统一个体性原则与普遍性原则的影响,但二者之间又存在重要的区别。与王阳明将整体归结为专制制度及宗法等级关系不同,黄宗羲所理解的整体主要是天下之人,亦即作为个体总和的群体。同时,在黄宗羲那里,个体(己)群体(与天下之人)的统一,并不是以整体吞并个体为前提,而是以个人利益的充分实现为基础。这种看法已多少逸出封建的正统意识形态,而在某些方面接近于近代的群己之辨,它既不同于王阳明的"无我"观念,也有别于李贽对个体原则的过分强调。

当然,黄宗羲的以上看法并不仅仅是个体性与普遍性关系之思辨推绎的产物,它有着深刻的历史根源。明清之际,除了商品经济的发展等社会经济关系的某些变化之外,另一个不可忽视的历史现象便是民族矛盾的突出。1644年,清兵长驱入关,随之而来的是残酷的民族压迫,而这种压迫又理所当然地受到了关内各族人民的反抗。正是反对民族压迫的斗争,使整体的利益不能不受到相当的重视。黄宗羲曾举兵抗清,对这一点有着切身的感受,而这种感受是李贽所未曾经历过的。如果说,黄宗羲肯定自利的合理性主要体现了某种与商品经济相联系的市民观念,那么,把自利与天下之人联系起来,则在一定意义上反映了反对民族压迫这一历史要求;前者使黄宗羲超越了王阳明的视野,后者则使黄宗羲在一定程度上避免了李贽的片面性。

在肯定人皆得自私、人皆得自利的前提下,黄宗羲对君主的作用作了如下规定:设立君主的目的,是为了治理天下,而治天下的具体内容,则是使天下皆得其利。按黄宗羲的理解,君主本身也不过是"一己",它并没有超越天下之人的至尊性质,相反,它应当从属于天下之人。正是基于这一观点,黄宗羲认为,出仕(做官)并不是为了君主一人(一姓),而是为了天下万民。

黄宗羲的以上看法在尚未走出中世纪的明清之际,无疑是一种时代的强音,它在当时及以后都引起了不少思想家的共鸣。从清初的唐甄(1630—1704)那里,便不难看到这一点。唐甄在哲学上也受到王阳明良知说的影响,在他看来,良知首先表现为内在于主体的个体意识:"良知,在我者也。"(《潜书》)由肯定个体性原则,唐甄主张"先爱其身",这种看法,表现了对个体感性存在的注重。不过,在突出个体性原则的同时,唐甄又要求"无伤于人",亦即反对无条件地排斥他人利益。对唐甄来说,理想的原则是:"有益于己,无伤于人。"(同上)在这里,自我与他人之间表现为一种相容的关系:追求个体之利(有益于己),并不意味着否定他人之利(无伤于人)。就其试图把个体与群体之利协调起来而言,这种看法显然接近于黄宗羲。

王阳明以心即理兼容个体性原则与普遍性原则,表现出在心性领域中统一普遍性与个体性的趋向。经过泰州学派、李贽等对个体性原则的多重发挥与刘宗周等对普遍性原则的再度强调,黄宗羲、唐甄等似乎重新又回到了心学的出发点,当然,这是一种在更高阶段上的回归:黄宗羲、唐甄等肯定个体性与普遍性的统一,已超越了心性之域,而具有了更为深刻的历史内涵。

第十一讲

心学的近代回响

一、良知与个性

二、良知与直觉

三、心力与意欲

四、知行合一与性修不二

随着明清之际社会变迁的渐趋平稳,程朱理学再次成为正统的意识形态;而朴学的兴起则构成了清代的另一景观。朱学的独尊,使超验的天理重新压倒了主体的良知;朴学的实证则使心体失去了立足之地:心学受到了历史的冷落。然而,经过清代的长期沉寂,王阳明的心学在近代却形成了复兴之势。它与东渐的各种西方思潮彼此交织,在中国近代产生了颇为复杂的影响。

一、良知与个性

　　王阳明以良知统一个体之心与普遍之理,其中包含着对个体性原则的注重。中国社会步入近代以后,随着思想启蒙的深入,个性伸张逐渐成为一种时代要求。早期的启蒙思想家在引入近代西方个性解放等思想的同时,也不断地试图到传统思想中去寻找冲决专制网罗的理论依据,而肯定个体性原则的王阳明心学,也因此受到了推重。与尊崇王阳明心学形成对照的,是对强调普遍天理的程朱理学的否定。在认同心体,拒斥天理这种现象的背后,无疑蕴含着某种历史的选择。

自宋以后,以程朱为代表的正统理学将天理归结为绝对命令,作为天理化身的道德律也渐渐成为束缚人的工具。在近代,天理的阴影并没有消失,康有为(1858—1927)曾对这种现象作了如下概括:"今人开口便以宋儒道德律人。"这里的宋儒便是指程朱一系的理学家。作为近代的思想家,康有为等对天理的压抑深感不满。他们一再批评朱熹片面强调以义禁欲,以至绝民之情,而事实上,"民之情实不能绝也"(康有为:《孟子微》卷四)。这里的情,主要指人的意愿及情感,而"义"则是普遍的规范,绝民之情,意味着以普遍的规范压抑、排斥人的内意愿。这种批评已注意到正统理学的历史局限,便在于其忽视了道德行为应当出于主体的内在意愿,它与王阳明反对以道心排斥人心,无疑有理论上的一致性。康有为的弟子梁启超(1873—1929),便已明确地将批评程朱与认同心学联系起来。他曾把王阳明的思想与程朱作了比较,认为王阳明的思想"接近原始儒家,比程朱好"(《儒家哲学》,《饮冰室合集·专集》第 24 册,中华书局,1936 年,第 162 页)。

当然,王阳明虽然不赞同程朱将天理与主体意愿对立起来,但对天理所体现的传统的纲常名教却并不怀疑。与之不同,近代思想家由反对以天理压抑主体意愿,进一步将批判锋芒指向了三纲五常等规范体系本身。谭嗣同便认为,中国的五伦"强遏自然之天乐,尽失自主之权利"(《谭嗣同全集》,修订本,中华书局,1981年,第198页)。以天理为形式的道德规范,常常以纲常名教为其具体的内容,因此,在天理压抑的背后,是纲常名教的束缚。这种纲常在扼杀主体的内意愿(所谓自然之天乐)的同时,又通过外在强制而剥夺了主体自主的权利。作为一种权利,自主的要求已超越了道德的关系,而涉及广义的社会政治领域。从突出道德上的自愿原则,到否定传统的纲常名教,要求主体的自主权利,表现为一个深刻的观念转换过程,这一过程既与心学的影响有着某种思想联系,又具有心所无法包容的历史内容。

与注重自愿与自主相联系,近代思想家提出了自由的要求。梁启超便指出:"自由者,天下之公理,人生之要具,无往而不适用者也。"(《新民说》)这种自由首先是指道德行为上的自由选择。从理论上看,肯定行为应当出于主体的内在意愿,同时也意味着承认主体能够对行为加以自由选择,这一关系,王阳明已开始注意到了,而王阳明的后学则从不同角度对此作了进一步的探讨。王阳明心学的这种思想,成为近代思想家阐发自由观念的重要传统资源。梁启超便认为,他关于自由人格的新民说,即是"专述王学与其门下之言"。当然,王阳明虽然涉及了道德行为与自主钻研的关系,但并未对此作深入的理论分析,梁启超则吸取了近代西方思想家的有关论述,对以上关系作了较为系统的论证,从而使之获得了近代的形式。

由强调道德上的自由,近代思想家对人格的独立性予以了相当的关注。梁启超便认为,"故今日欲言独立,当先言个人之独立,乃能言全体之独立"(《十种德性相反相成义》,《饮冰室合集·文集》第2册,中华书局,1936年,第44页)。所谓个人之独立,既是指在政治上摆脱专制的束缚,又是指充分地伸张个性。这种独立的个人,往往被理解为豪杰之士。按照梁启超的看法,豪杰之士的特点就在于"独往独来于世界之上,以一人而造举世之风潮"。如前所述,王阳明曾将无所待而兴作为豪杰的品格而加以推重,尽管王阳明所说的无所待主要是指通过道德涵养而超凡脱俗,以达到内圣之境,而并不包含摆脱纲常束缚之意,但无所待的要求如果进一步加以引申,亦可以获得新的含义。事实上,李贽正是由此而提出了不庇于人的主张。同样,梁启超的以上思想也与王阳明的心学有着难以割断的历史联系,当然,它又并非是心学的简单沿袭:王阳明所追求的,是内圣的人格,梁启超所向往的,则是个性充分发展的近代自由人格。

自由人格的特点之一,是善于独立思考,用梁启超的话来说,便是:"我有耳目,我物我格;我有心思,我理我穷。"即无论是观察,还是判断,都不能依赖外部见解,而应以自我的思考为准。这种看法明显地受到了王阳明良知准则论的影响:在肯定主体具有判断是非的能力这一点上,二者无疑前后相承。事实上,梁启超对王阳明的良知准则论确实予以了相当的关注,并十分推重,曾将其称为"一针见血之言"(《新民说》,《饮冰室合集·专集》第3册,中华书局,1936年,第139页)。当然,在梁启超等近代思想家那里,个人的独立思考,又具有反对经学独断论的意义,这与王阳明始终没有摆脱经学立场,显然又有所不同。

自由地发展个性,是近代启蒙思潮提出的历史要求,相对于这种历史要求,王阳明的心学具有二重性:一方面,它本身并没有达到个性自由等近代观念,另一方面,它对个体意愿的注重,对道德行为中自主性原则的确认,对个体在判断是非善恶中的作用的肯定,又为近代思想家提供了重要的思想资源。这样,当受过西方近代人文主义初步洗礼的中国近代思想家试图为近代的启蒙思想寻找传统根据时,便十分自然地注目于王阳明的心学。正是这种时代的需要,使心学在近代获得了程朱理学所不可能具有的地位。

二、良知与直觉

与康有为、谭嗣同、梁启超等主要将王阳明心学中的个体性原则与个性自由等要求联系起来不同,梁漱溟着重从个体意识的角度对它作了引申。梁漱溟(1893—1988)是"五四"前后的重要哲学家,其思想特点在于融儒、佛及柏格森、叔本华等思想为一,而在传统儒学中,梁漱溟所推重的首先是王阳明的心学。

梁漱溟对王阳明心学中的良知观念尤为关注。王阳明把良知理解为个体之心与普遍之理的合一,而所谓理又包括人的理性思维,这样,心与理的合一也意味着确认理性对个体意识的制约。与王阳明有所不同,梁漱溟在肯定王阳明的良知说的同时,又把良知所包含的普遍之理排斥在外,认为概念、理智的作用,"都非良知"。普遍的理智一旦被剔除,良知便被等同于纯粹的个体意识,而这一意义上的良知,在梁漱溟看来也就是直觉:"及明代阳明先生兴,始祛穷理于外之弊,而归本直觉——他叫良知。"(《东西文化及其哲学》,商务印书馆,1922年,第49页)这种解释所突出的,主要是良知中的个体性规定。

在沟通良知与直觉的同时,王阳明又对直觉的内涵作了进一步的规定。对梁漱溟来说,直觉的特点首先在于"难以语人",即无法以语言概念来加以表述和传递。直觉是刹那之间发生的,而它一旦发生,便只能以直觉这种方式存在,而"不得著为理智的形式"。就是说,通过直觉获得的认识内容,永远无法为普遍的理性形式来加以凝固。在这里,梁漱溟实际上把直觉视为与理性隔绝的个体感受。从理学的发展看,陆九渊往往把"心"理解为纯粹的个体意识:当他把心视为"我之心"时,便意味着仅仅赋予心以个体的规定,王阳明的良知说则通过心与理的联系而注意到了主体意识中个体性与普遍性的统一。梁漱溟的以上看法,似乎从王阳明出发而又返归到了陆九渊。

从直觉之中剔除理智之后,梁漱溟进而对理智采取贬抑的态度。在梁漱溟看来,宇宙是一个不可分的整体,直觉比较好地把握了宇宙的这种统一性,而理智则常常将宇宙加以分割,并使之难以再合一。这种看法来源于柏格森。柏格森认为,在直觉中,我与万物处于交融的关系中,而理性则侧重于分解这种统一体。与柏格森一样,梁漱溟对理性作用的理解,显然存在片面性。事实上,理性的方法既是分析的,又是综合的,王阳明已在某种程度上注意到了这一点,他一再强调学问工夫既要讲"分辨",又要讲合一,便表明了这一点,也正是基于这一理解,王阳明始终肯定了理智的作用。梁漱溟认为理智仅限于"分",并由此加以否弃,这多少偏离了王阳明的理性主义立场。

可以看到,梁漱溟在强化王阳明对良知的个体性规定的同时,又抽去了良知中所包含的普遍理智,从而将良知等同于直觉。相对于康有为等近代启蒙思想家从理性启蒙的角度认同王阳明的心学,梁漱溟似乎通过化良知为直觉而把心学引向了非理性主义。

三、心力与意欲

中国近代一个引人注目的历史现象,便是意志主义的抬头。从龚自珍到谭嗣同、梁启超、章太炎等,都在不同程度上表现出唯意志论的倾向。五四时期,梁漱溟甚而进一步建立了一个比较系统的唯意志论体系。可以说,在中国近代,唯意志论已开始成为一种重要的思潮。这种思潮的产生既有深刻的社会历史根源,又受到西方近代意志主义及传统思想的制约,而王阳明的心学(包括王阳明的后学泰州学派)由于注重心体及意志的作用而对强化心力、意欲的近代思想家产生了尤为显著的影响。

突出自我是近代早期唯意志论者的普遍特点,它在龚自珍那里已初露端倪。与传统的天命论相对,龚自珍把自我提到了至上的地位:"众人之宰,非道、非极,自名曰我。"我不仅是众人的主宰,而且是天地万物的决定者,所谓"我力造山川""我气造天地",便形象地表明了这一点。这种将自我视为第一原理的看法,与泰州学"造命却有我"之说在理论上显然有相通之处。对龚自珍来说,自我的力量,集中地体现于其心力("皆以心之力")。继龚自珍后,康有为等同样把心力提到了重要的地位。

自主自立是近代启蒙思想家的历史要求,从社会的演进看,它体现了救亡图强的努力,从自我与历史的关系看,它则意味着崇尚自我的力量。谭嗣同便认为,独立自强不应当依赖外部的力量,而应立足于自我,正是基于这种看法,谭嗣同主张"专求自强于一己"。这种观点与泰州学派"求诸己"之说同样有一致之处。当然,在谭嗣同那里,"己"主要表现为一种自强的力量,而自强则更多地指向民族的独立与强盛,这就使谭嗣同的求于己具有不同于泰州学派的历史内容。

在谭嗣同那里,自我的力量首先与心力相联系。按谭嗣同之见,自我的力量最终根源于心力,离开心力,人便无所作为。具体而言,心力具有二重特点,其一,自主性,即非外部力量所能遏之;其二,专一性,即非外部力量能改变其方向,二者大致构成了意志的品格。从王阳明的心体到谭嗣同的心力,心的作用更多地引向了对现实的变革。事实上,谭嗣同所反复强调的,也正是心力对现实的改造:"心之力量虽天地不能比拟,虽天地之大,可以由心成之、毁之、改造之,无不如意。"以心力改造天地,当然是对意志作用的无限夸大,但同时亦反映了力图开辟新的历史纪元的进步意向。

与谭嗣同由自主自立而强调求诸己不同,梁启超更多地将自由与强权联系起来。在梁启超看来,达到自由离不开强权:"世界之中,只有强权,别无他力。"(《自由书》,《饮冰室合集·专集》第 2 册,中华书局,1936 年,第 31 页)这里所说的强权,与强权政治中所谓强权有所不同,它主要表现为一种排除外力的意志力量,所谓"排除他力之妨碍,以得己之所欲"。作为排除外力以达到自由的手段,强权总是与主体的勇决与坚毅相联系,而按梁启超的看法,王阳明心学之所长,也正体现于此。他一再称赞"王学之激扬蹈厉",并认为"晚明士气,冠前绝古者,王学之功不在禹之下也"(《新民说》,《饮冰室合集·专集》第 3 册,中华书局,1936 年,第 126 页)。所谓"激扬蹈厉"之士气,主要便表现为意志之维。这里不难看到近代思想家注重意志作用的思想与王学之间的联系。

如何通过自强以排除他力?梁启超同样引入了心力,认为世间一切,"莫不成于至人之心力"。梁其超对心力的注重,与谭嗣同无疑有相通之处,不过,二者在侧重之点上似乎又有所不同。较之谭嗣同主要突出了心力的自主性,梁启超更强调心力的坚毅性。对梁启超来说,所谓成于心力,也就是成于毅力:"有毅力者成,反是者败。"谭嗣同与梁启超在心力问题上的这种差异,既有历史的根源,又有理论的缘由。就历史背景而言,梁启超对心力说的系统发挥,主要在戊戌变法之后。相对而言,在此之前,维新之士面临的主要问题是历史的选择(变或不变),而变法失败之后,面对改良受挫的严峻形势,以意志的力量激发斗志的问题便变得突出了,梁启超对意志坚毅性的强调,在一定意义上折射了这一历史特点。

与梁其超几乎同时走向唯意志论的,是章太炎(1869—1936)。章太炎在政治上不赞同谭嗣同、梁启超的改良主义,但在注重意志这一点上却与谭、梁彼此相近。从理论渊源看,章太炎迈向唯意志论的过程,与王阳明心学的影响,同样也有内在的联系。他曾对王学的理论价值作了如下概述:"王学岂有他长?亦曰自尊无畏而已。"(《答铁铮》,《章太炎全集》[四],上海人民出版社,1985年,第444—445页)所谓自尊,即是对自我的肯定,无畏则表现为意志的坚毅性。在章太炎看来,王阳明本人便很好地体现了意志的坚毅品格:他之可贵,即在于"敢行其意"。这里重要的当然不是对王阳明个人的评价,而在于将心学与主体之意联系起来。

与推重王学"敢行其意"相应,章太炎认为,人本来具有独立的品格,并非为他人而生存,在人之上也没有超越的主宰者。我固然应以人道的精神对待他人,但这并非"有他律为之规定"。就是说,主体的行为不应当是规范强制的结果。以此为前提,章太炎进而提出了"依自不依他"的主张。所谓依自,亦即以自我为行为的根据,它所体现的是对主体力量的崇尚;不依他则包含二重含义:它既指在道德行为中不应当仅仅被动地服从他律(外在规范),又指我的作用可以不以外部规律为根据。简言之,自我的行为既非受制于社会的规范,又非外部规律所能决定。这种看法确实具有明显的意志主义性质。

可以看到,谭嗣同、梁启超、章太炎等主要从心力(自心)与外力(他力)的关系上突出了心力的作用,而并没有将意志与理智对立起来。与上述近代思想家走向唯意志论与王学的影响难以分离一致,他们对意志与理智关系的看法,也多少受到了王学的影响。从理论的演变看,王阳明在肯定意志作用的同时,并没有否定理智对意志的制约,泰州学派则分别从意志与必然之理和意志与理智的关系上对王学作了片面的引申,后者集中表现在"造命由我"与"意为心之主宰"这两个命题之上。造命由我具有反对宿命论的意义,意为心之主宰则表现出非理性主义的倾向。在中国近代,要求变革的思想家们面临着双重任务:救亡图强与思想启蒙。如果说,救亡图强的急迫性,使近代思想家较多突出心力的作用,并由此引申成与"造命由我"相近的结论;那么,思想启蒙的使命,则使他们难以接受"意为心之主宰"的非理性主义命题,而更多地倾向于肯定理智作用的原始王学。

五四时期,对意志主义作进一步发挥的,是梁漱溟。梁漱溟在向王阳明心学回顾的同时,对泰州学派尤为倾心。他曾说:"唯晚明泰州王氏父子,心斋先生、东崖先生为最合我意。"与谭嗣同等着重从心力与外力的关系上上承了泰州学派造命由我论不同,梁漱溟主要从意志与理智的关系上,对意为心之主宰论作了引申。

梁漱溟首先对泰州学派的意志主义与叔本华的意志主义作了

沟通,将意欲提升为宇宙的第一原理。按梁漱溟之见,人的行为并不是由知识决定的,"行为是出于情意的"。这种看法与泰州学派所谓"唯意而出"的主张无疑一脉相承。以意欲为行为的动力而否定知识的作用,意味着理智与意志的分离,而意欲在理智之外所发动的行为,往往表现为非理性的冲动。与泰州学派一样,梁漱溟的这种看法带有某种非理性主义的色彩。

从以上观点出发,梁漱溟对"理性"的概念作了重新解释。在他看来,理性主要代表人心的情意方面,其特点在于不作推论、分析,而表现为一种好好恶恶的意向。这种看法实际对理性作了意志主义的解释。作为意志的特殊形式,"理性"不仅非理智所能制约,而且构成了理智的根据:前者为本,后者为末。在这里,意志不仅隔绝于理智之外,而且被规定为理智的主宰。

梁漱溟的以上论点可以看作是对王学,特别是泰州王学的发挥。从梁漱溟自己的论述中,我们便不难看到这一点:"王学讲良知,尚力行。良知则无所取于后天知识,力行则反冷静。"(《中国文化要义》,路明书店,1942 年,第 314 页)这里所说的王学,主要是指泰州王学。与泰州王学相近,梁漱溟对王阳明的良知说作了意志主义的发挥:将知识与力行对立起来,便表明了这一点。而所谓力行,又被进一步归结为将好恶这种意向贯彻于实践。这种以好恶为行为动因的观点,与泰州学派"猖于情炽"的倾向,确实有一致之处。

从谭嗣同等以心力造天地,到梁漱溟以意欲主宰理智,泰州王学的"造命由我"与"意为心之主宰"似乎在逻辑上得到了双重展开,当然，后者表现出更浓的非理性主义色彩。近代的意志主义在理论上无疑是片面的，但从中国思想史的历史发展看，传统哲学在总体上对意志的考察较为薄弱，这一特点影响到理想人格的培养，即表现为对自愿原则的相对忽视。梁漱溟继谭嗣同等之后，对意志的环节作了更系统的分析，这对于进一步解决理想人格培养中理性自觉与主体意愿等关系，无疑又有其理论意义。

四、知行合一与性修不二

知行关系是中国近代哲学讨论的中心问题之一，而王阳明的知行学说，则从一个侧面为近代哲学家解决知行之辨提供了传统的思想资源。在熊十力（1885—1968）的性修不二说中，便不难看到王阳明知行说的影响。熊十力是现代新儒家的重要人物，他虽然吸取了佛学的不少观点，但其思想的根底，基本上以儒学为主干。而在儒家之中，熊十力所特别推崇的，则是王阳明。他曾一再指出："阳明之学，确是儒家正脉"，"儒者之学，唯有阳明善承孔孟"（《十力语要》卷三、卷二）。从理论内容看，王阳明的心学确实构成了熊十力哲学体系的重要来源。

王阳明以致良知立教，而致良知又具体展开为知（良知）与行（致知工夫）的统一。王阳明所说的知，在广义上包括道德意识，因而知行关系与道德涵养的过程又有着内在的联系。正如致良知这一命题所表明的那样,肯定先天之知与后天之致的统一,构成了王阳明心学的重要特点。熊十力在考察道德本体与修养工夫的关系时,大致接受了王阳明的这一思路。在他看来,人固然具有先天之性(先天的道德意识),但这种本性只有通过后天的修学才能显现,所谓"欲了本心,当重修学",便强调了这一点。这里所突出的,是天赋之性与后天修习的统一,它的更简要的概述,则是"性修不二"。这一论点,可以看作是王阳明致良知说的引申。

不过,在肯定王阳明致良知说的同时,熊十力又吸取了王夫之的某些思想,提出了"天无人不成"观点,即先天之性如果没有人的后天工夫,便无法由潜能转化为现实。在这里,人的作用(主体自身的努力)不仅是达到先天德性的条件,而且是先天本性获得现实形态的前提。正是由此出发,熊十力对王阳明的良知说提出了异议,以为"良知一词,似偏重天事",而事实上天性本身也是"由人创出来的"。王阳明的致良知从根本上说并没有摆脱复性说,它固然注意到先天之知只有通过后天的工夫才能为主体所自觉意识,但这种致知的过程同时又被理解为向先天本性复归的过程。与之有所不同,熊十力把性修不二看作是天性与成性的统一,强调由先天的可能向现实人性转化,是一个通过主体的工夫而不断"成""创"的过程,这一看法多少注意到了道德意识的培养不仅仅是向先天出发点的回归,而且是同时表现为一个新的生成过程。

成性作为一个不断创进的过程,离不开意志的作用。意志的作用首先表现在克服世俗的影响,以创生新的道德意识。一般说来,理学家往往把习俗的影响视为消极的因素,以为它对本来之性完全只有否定的作用。正是基于这一看法,他们常常将后天的工夫归结为一个不断"减"的过程。熊十力则从创性的观点出发,把习俗的影响看作是成性的动力,而使习俗影响成为动力的条件,则是确立真实的志愿。在这里,熊十力实际上将成性的过程与意志的制约结合起来了。

渗透于成性过程的意志作用,并不表现为一种盲目的冲动。熊十力对近代的意志主义者提出了批评,认为他们或者推重盲目的意志(叔本华),或者讲生之冲动(柏格森),其原因在于"内观习心",亦即停留于非理性的本能、欲望之上。熊十力虽然并不否定柏格森的生命哲学,但对柏格森将生命冲动与理智对立起来的观点却不以为然。在他看来意志应当源于自觉,亦即以理性的认识为依据。基于这一观点,熊十力一再强调。"反理智与废思辨之主张,吾所极不取。"(《十力语要》,卷三)这种看法尽管在理论上没有提供多少新的东西,但对于纠近代意志主义思潮之偏,却有不可忽视的理论意义。相对于梁漱溟对泰州王学"意为心之主宰"论的发挥,熊十力对意志与理智关系的看法,似乎更接近于原始王学。

与熊十力主要从性(先天本性)与修(道德涵养)的关系上阐发王阳明的致良知说有所不同,贺麟(1902—1992)的关注之点更多地集中于王阳明的知行合一说。贺麟曾提出知行合一新论,其内容明显地受到王阳明知行学说的影响。

贺麟认为,知与行各有等级之分,从较低形态的知到较高形态的知,展开为一个过程。这种看法与王阳明区分本然之知与明觉之知无疑有相近之处。事实上,贺麟也注意到了这种联系,他曾说"阳明之意亦认为有等级的差别"(《知行合一新论》,《近代唯心论简释》,独立出版社,1944 年,第 75 页)。在王阳明那里,本然之知与明觉之知的区分构成了知行统一的前提:从本然之知到明觉之知的转化,是通过"行"而实现的。这种逻辑关系在贺麟的知行合一新论中同样得到了体现,从知行各有等级之分的观点出发,贺麟认为,一定等级的知,总是与一定等级的行相应,知与行的统一展开为不同的等级。不过,较之王阳明把知行合一与复归先天之知联系起来而言,贺麟对知行统一的理解似乎更多地体现了发展的观念。

按贺麟的看法,知与行的这种统一,可以分别从个体与社会两个方面加以考察。就个体而言,任何个人的知与行都是统一的。其中,贺麟特别强调了知对行的指导作用,认为不知而行的行为,即使不是妄动、盲动,也是被动的行为,是必然没有价值的(《知行问题的讨论与发挥》,《当代中国哲学》,胜利出版公司,1945 年,第 112 页)。这种看法,无疑体现了理性主义的立场。

与个人的知行合一相联系的是社会的知行合一:"所谓社会的知行合一说,就一人群,一社会所举办的大事业言,知行合一。""再就每一时代,每一社会的知识水准与水平言,亦永远谐和一致。"(同上书,第 257—258 页)在这里,知与行已超出了个体的心性修养,而展开为社会的大事业,它所表现出来的视野,无疑较王阳明更为开阔。更值得注意的是,贺麟肯定不同时代具有不同的知识水平与行为水平,它在某种意义上已触及了知行统一的历史性。贺麟的以上看法既上承了从王阳明到黄宗羲的致知过程论,又通过吸纳进化的观念而将知行统一论推进了一步。

可以看到,从晚明到近代,王阳明的心学经历了漫长的历史演变,并在思想文化领域产生了多方面的影响。从某种意义上说,忽略了王阳明的心学,我们便很难完整地理解明中叶以后的中国思想史和文化史。

后 记

20世纪80年代后期,我曾在冯契师的指导下,以王阳明的心学为博士学位论文的论题;90年代中期,又曾再度回到王阳明的哲学,前后的研究结果分别体现于《王学通论——从王阳明到熊十力》与《心学之思——王阳明哲学的阐释》,当然,二者的研究侧重之点有所不同。此后,除了对中国哲学的若干问题及近代科学主义等作某些考察之外,我的关注之点主要转向了伦理学及形而上学等问题。去年初,北京大学出版社杨书澜同志来函,提及拟出版介绍重要思想家的系列通俗读物,并约我"讲"王阳明。我觉得此系列立意甚好,表示同意。然而,如上所述,近年我的关注重心更多的是一些理论性的问题,对王阳明的心学没有再作进一步的探讨,因而所"讲"内容也相应地主要基于前此的研究。当然,借此次重"讲"之际,我试图将《王学通论》之侧重"史"与《心学之思》之侧重"思"作一综合,以更具体地在王阳明心学的研究中体现"史"与"思"的统一,这也许可以在形式的层面,看作是一种"新"的形态。

今年正值我的父亲辞世十周年,我的母亲八十华诞,谨以此书纪念我的父亲杨友善,并献给我的母亲徐翠青。

杨国荣
2005年5月